UN ESPOSO CONFORME AL CORAZÓN DE DIOS

Doce aspectos importantes en tu matrimonio

JIM GEORGE

EDITORIAL PORTAVOZ

La misión de *Editorial Portavoz* consiste en proporcionar productos de calidad —con integridad y excelencia—, desde una perspectiva bíblica y confiable, que animen a las personas a conocer y servir a Jesucristo.

Título del original: *A Husband After God's Own Heart*, © 2004 por Jim George y publicado por Harvest House Publishers, Eugene, Oregon 97402.

Edición en castellano: *Un esposo conforme al corazón de Dios*, © 2004 por Jim George y publicado por Editorial Portavoz, filial de Kregel Inc., Grand Rapids, Michigan 49505.

Traducción: Juan Carlos Martín

EDITORIAL PORTAVOZ
2450 Oak Industrial Dr. NE
Grand Rapids, Michigan 49505 USA

Visítenos en: www.portavoz.com

ISBN 978-0-8254-5939-9

2 3 4 5 edición / año 25 24

Impreso en los Estados Unidos de América
Printed in the United States of America

Para Elizabeth,
mi fiel amiga y compañera
en la vida

Contenido

Llegar a ser...

un esposo conforme al corazón de Dios

Un esposo conforme al corazón de Dios ha pasado cuarenta años en preparación. ¿Por qué? Porque ese es el tiempo en que me he estado desarrollando como esposo. Y ahora he tomado la pluma en respuesta a las muchas peticiones —tanto de hombres como de esposas— que me han llegado para pedirme dirección en el área concreta y más importante de la vida del hombre casado, la de la relación con su esposa.

¡El matrimonio representa mucho trabajo! Pero ¿no nos alienta saber que Dios, el creador del matrimonio, ya ha provisto todo lo que necesita para cumplir con su voluntad y su diseño para usted como esposo? En este libro consideraremos...

> ...*Doce áreas de su vida como esposo,* lo que la Biblia dice sobre las áreas verdaderamente importantes de la salud y vigor de su matrimonio. Además, hemos incluido ...

...*una lista de "pequeñas cosas"* al final de cada capítulo. Estas "pequeñas cosas" están pensadas para animarle, motivarle y guiarle a desarrollar las múltiples pequeñas maneras en que usted puede llevar satisfactoriamente a cabo en la práctica su papel como esposo.

...*una lista de preguntas para el estudio* en la parte final del libro. Están escritas para enriquecer su conocimiento personal y para la aplicación de las verdades bíblicas y prácticas enseñadas a lo largo del libro.

Le invito a acompañarme en un viaje por el camino de la comprensión y puesta en práctica de los deseos de Dios para nosotros como esposos. Y, para hacer aún más agradable esta travesía, pida a su esposa que se le una en ella y lean juntos en su copia del libro compañero de este que ha escrito mi esposa Elizabeth: *Una esposa conforme al corazón de Dios*.

Mi amigo y hermano, no importa cuál sea su edad o la situación de su matrimonio en la actualidad, ni en qué etapa del mismo hayan entrado su esposa y usted, este libro presenta las líneas directrices eternas de Dios para usted como esposo. Usted puede ...

...leerlo antes de casarse

...leerlo a solas para mejorar su matrimonio

...leerlo en pareja

...leerlo en un estudio bíblico para varones o parejas

...leerlo en su escuela dominical de hombres

...leerlo en su escuela dominical de parejas

¡Que Dios le bendiga abundantemente en su continuo crecimiento como cristiano, en su fe y en su entendimiento de lo que significa ser un esposo conforme al corazón de Dios!

1

Crecer en el Señor

Mas buscad primeramente el reino de Dios y su justicia, y todas estas cosas os serán añadidas.
MATEO 6:33

Cuando era un muchacho, me impacientaba con mi crecimiento físico. En cada fase de mi temprana vida, quería con ansías alcanzar la madurez física para competir en los deportes en la categoría siguiente... ¡con los chicos mayores! E incluso mientras estaba en un punto determinado de crecimiento, me ejercitaba a diario para desarrollar el cuerpo y poder competir en los deportes en el siguiente nivel.

Por otro lado, cuando tocaba crecer en el área mental, no estaba ni mucho menos tan motivado. Mis padres no tenían una gran educación formal, así que estaban contentos con cualquier logro en la escuela. Sorprendentemente, con todo lo que me esforcé en el plano físico, acabé destacando en los estudios en el campo intelectual.

Quedaba entonces el área espiritual de mi vida. Me

gustaría poder decir que mi crecimiento espiritual, que comenzó cuando tenía seis años, fue una magnífica espiral ascendente con pocos o ningún momento de estancamiento en su trayectoria. Pero no. Lamentablemente, mi crecimiento espiritual en esos primeros años fue como una montaña rusa. La pendiente descendente de esa montaña rusa se prolongó hasta el principio de mi vida adulta y produjo un grave efecto sobre mi matrimonio.

A lo largo de este capítulo contaré más acerca de mi crecimiento espiritual y de las características del proceso de madurez, pero de momento quisiera dejar dicho (y seguro que coincidirá usted conmigo) que el crecimiento espiritual supone bastante más esfuerzo que el físico.

Es cierto que el desarrollo espiritual representa un tremendo esfuerzo. Pero, amigo mío, también es cierto que la recompensa es grande, especialmente cuando llega la hora de ser un esposo... y de eso trata este libro. Quiero que notemos cómo se produce el crecimiento en el Señor y cómo dicho crecimiento proporciona una ayuda esencial para usted y para mí de cara a nuestra vida en general y en nuestra familia en particular.

Tenga esto en mente mientras lee: No importa cuál sea su edad o el largo —¡o corto!— tiempo que lleve casado, el día que usted acelere su crecimiento en el Señor es el día en que su matrimonio recibirá verdadero impacto, enriquecimiento y fortalecimiento.

Primero lo primero

Si es usted como la mayoría de los hombres y esposos, probablemente estará muy ocupado. Cada día se encuentra en el mundo de ahí fuera, ocupado y trabajando como un esclavo. Luego, cuando llega a casa, hay más trabajo esperándole: El de los cuidados de las finanzas y el hogar. Y si tiene usted hijos, llega a casa solo para cambiar de papel e intentar ser un buen papi. Con todas estas responsabilidades es fácil concluir que prácticamente no hay tiempo para el crecimiento espiritual.

Pues bien, mi nuevo amigo, por eso mismo quiero empezar nuestro estudio sobre lo que significa ser un esposo conforme al corazón de Dios partiendo de este sumamente estratégico punto. ¿Por qué?

El crecimiento espiritual determina prioridades. El crecimiento espiritual es la llave para todo lo que importa en la vida. Eso es lo que quiso decir Jesús hace 2000 años cuando explicó a los que le escuchaban que no se angustiasen por su vida o por sus necesidades básicas. Dijo, "No os afanéis, pues, diciendo: ¿Qué comeremos, o qué beberemos, o qué vestiremos?" (Mt. 6:31). Son cosas indudablemente necesarias, pero no son lo verdaderamente importante. No son su principal prioridad.

Lo realmente importante *es* su crecimiento espiritual. ¿Por qué? Jesús siguió diciendo que en lugar de preocuparse por las necesidades de la vida diaria, debería usted buscar "primeramente el reino de Dios y su justicia, y *todas estas cosas* os serán añadidas" (v. 33). En otras palabras, debe *usted* procurar una vida de crecimiento espiritual y seguir las prioridades de Dios para su vida. Entonces, amigo mío, *Él* proveerá de todo para usted y su familia. ¡Es una promesa de Dios! Busque a Dios... y lo tendrá todo. Busque el mundo... y lo perderá todo (Lc. 9:25). La elección correcta parece bastante obvia ¿no?

Pongamos primero lo primero
Y gratis lo segundo tendremos
Pongamos lo segundo primero
Y tanto lo uno como lo otro perderemos.[1]

El crecimiento espiritual promueve la pureza. Además de determinar las prioridades del hombre, el crecimiento espiritual también promete ayuda en el área de la pureza. En el Salmo 119:9 el salmista pregunta: "¿Cómo guardará el joven puro su camino?" (BLA). La mayor parte de las preguntas que los varones me hacen tienen que ver con el área de la pureza. Con todo lo que está sucediendo en el mundo actual, los cristianos lo pasan mal para permanecer puros, tener pensamientos puros y desarrollar hábitos puros.

Pero esto no es nuevo. La tentación y el pecado han estado acechando desde el principio de la historia. Dios conoce las luchas que enfrentamos. De hecho, Dios se enfrentó de primera mano con estas cuestiones en la persona de su Hijo, Jesucristo (He. 2:17–18). Y Dios dice que podemos tener la victoria. ¿Cómo? En el salmo que he citado, el salmista respondió a esta pregunta acerca de la pureza en el mismo versículo, con este consejo, "Guardando tu palabra" (v. 9). La victoria es nuestra siempre y cuando atendamos a Dios y su Palabra. De modo que el crecimiento espiritual —a través de la oración, el estudio de la Biblia y la obediencia— es la respuesta. De nuevo, el salmista retoma su anterior pregunta acerca de la pureza con esta respuesta: "Con todo mi corazón te he buscado; No me dejes desviarme de tus mandamientos. En mi corazón he guardado tus dichos, para no pecar contra ti" (Sal. 119:10–11).

¿Tiene luchas en cuanto a la pureza? Si es así, no está solo. La Biblia dice que las tentaciones son algo humano (1 Co. 10:13). Nadie es inmune a las tentaciones sexuales o de mil tipos diferentes (v. 12). ¡Pero hay esperanza!

Siguiendo con 1 Corintios 10, la Biblia dice que Dios ha provisto la salida (v. 13). ¿Cuál es? ¡Crecer en el Señor y en su gracia! El proceso de crecimiento nos descubre los recursos espirituales que nos han sido otorgados para pelear la batalla y obtener la victoria en las áreas de nuestra lucha, ya se trate de tentaciones físicas como la lujuria, o de otro tipo como el orgullo, la avaricia o la ira.

No seamos como ese rico del que leí en el periódico que había muerto de inanición. Tenía todo lo necesario para vivir bien, pero era demasiado tacaño como para usar sus recursos y murió de hambre. Dios ha provisto de los recursos para usted, amigo mío. Ocúpese en averiguar cuáles son estos recursos y úselos para vencer en la batalla de la pureza.

El crecimiento espiritual produce discernimiento. A lo largo de este libro estaré hablando constantemente de liderazgo: como esposo, como padre, en muchos ámbitos de nuestra vida. Un esposo cristiano sabe dónde va. Sabe también cómo llegar y es capaz de guiar a su esposa e hijos. ¿Cómo es posible? Porque el esposo que sigue el modelo divino tiene la sabiduría y el discernimiento de Dios.

¿De dónde obtiene un cristiano su sabiduría y discernimiento? Creo que sabe usted la respuesta: De la Palabra de Dios. ¿Y por qué es importante la sabiduría? "Para que ya no seamos como niños fluctuantes, llevados por doquiera de todo viento de doctrina, por estratagema de hombres que para engañar emplean con astucia las arti-

> Crecer en el Señor es esencial para llegar a ser un hombre de prioridades correctas, un hombre de pureza, un hombre de entendimiento espiritual.

mañas del error" (Ef. 4:14). Nuestras esposas, familias e iglesias necesitan hombres piadosos que tengan discernimiento; discernimiento para tratar la vida y sus problemas en un nivel espiritual. Esta madurez viene a medida que crecemos en "el conocimiento del Hijo de Dios, a un varón perfecto, a la medida de la estatura de la plenitud de Cristo" (v. 13). Esa madurez recibe el nombre de *semejanza de Cristo*, que significa vivir y obrar como Cristo lo hizo.

No solo necesitamos discernimiento para entender la Biblia, sino también sabiduría para las decisiones cotidianas que hemos de tomar como esposos padres, empleados o jefes. Una vez más, la madurez espiritual es la respuesta. El escritor bíblico, que se dirige a un grupo de judíos cristianos del siglo primero, lamenta su falta de crecimiento. Escuchemos su disgusto:

> Porque debiendo ser ya maestros, después de tanto tiempo, tenéis necesidad de que se os vuelva a enseñar cuáles son los primeros rudimentos de las palabras de Dios; y habéis llegado a ser tales que tenéis necesidad de leche, y no de alimento sólido. Y todo aquel que participa de la leche es inexperto en la palabra de justicia, porque es niño (He. 5:12-13).

Dios nos habla a usted y a mí hoy a través de este mismo texto, y hoy mismo está tan interesado en nuestra madurez como lo estaba hace 2000 años por esos lectores. Como esposos cristianos tenemos que ser maestros en las cosas espirituales; si no verbalmente, al menos con nuestras vidas.

¿Cómo puede uno remediar su falta de madurez? ¿Cómo se consigue la madurez necesaria para tomar decisiones sabias y agradables a Dios?

El autor inspirado nos da a continuación la respuesta:

> Pero el alimento sólido es para los que han alcanzado madurez, para los que por el uso tienen los sentidos ejercitados en el discernimiento del bien y del mal (v. 14).

El crecimiento en el Señor es esencial para llegar a ser un hombre de correctas prioridades, de pureza y de entendimiento espiritual. Oro por que haya usted reconocido hace tiempo este hecho y esté ya transitando adecuadamente por el camino a la madurez. Cuando pienso en usted, me siento como el apóstol Juan cuando escribió a sus lectores, "No tengo yo mayor gozo que este, el oír que mis hijos andan en la verdad" (3 Jn. 4). Pero si no ha sido usted concienciado en cuanto a su necesidad de crecer en el Señor, espero y ruego a Dios que por lo menos haya tenido los ojos abiertos a la absoluta necesidad del crecimiento espiritual.

Decidir crecer

Uno de mis hombres favoritos en el Antiguo Testamento es Josué. ¿Por qué? Pues bien, fue un gran hombre que tomó las decisiones correctas a lo largo de su vida. Por ejemplo,

- Josué fue un hombre de gran humildad. En un momento temprano de su vida decidió desarrollar un corazón de siervo. ¿Cómo no iba a ser humilde? Después de todo, fue el segundo de Moisés durante cuarenta años. De ese Moisés a quien Dios describe como "muy manso, más que todos los hombres que había sobre la tierra" (Nm. 12:3). Y Josué era conocido como ayudante de Moisés (Nm. 11:28).

- Josué fue un hombre de gran coraje. ¡Hablamos hoy de "presión social"! Josué tomó la decisión de ir contra la opinión popular y, junto con Caleb, aportar un informe positivo sobre la tierra prometida en la que los israelitas debían entrar, ¡con gigantes incluidos! (Nm. 14:6-9).

- Josué fue un hombre de gran fe. Decidió confiar en el poder de Dios para derrotar a los habitantes de la tierra prometida. Diez de los hombres enviados a espiar la región volvieron con relatos de "gigantes" y se describían a sí mismos como "langostas" frente a ellos. Josué y Caleb, sin embargo, tuvieron fe en Dios y declararon, "Si Jehová se agradare de nosotros, él nos llevará a esta tierra, y nos la entregará" (Nm. 14:8). La decisión de Josué, compartida por Caleb, les proporcionó el privilegio de ser los únicos hombres de su generación que entraron en la tierra prometida. Todos los demás tuvieron una fe débil y realizaron una mediocre elección. Dios nos dice que Josué y Caleb "fueron perfectos en pos de Jehová" (Nm. 32:12).

- Josué fue un hombre de gran integridad. Incluso hacia el final de su larga vida de servicio seguía tomando decisiones, para sí mismo y para su familia, de servir al Señor y no a los falsos dioses de los alrededores. Y con la fuerza de su gran fe, llamó a los demás a comprometerse también con ese mismo patrón de valores. Josué exhortó: "Escogeos hoy a quien sirváis" (Jos. 24:15).

Creo que puede usted ver por qué fue Josué una figura clave en el Antiguo Testamento y por qué lo admiro tanto. Siempre tomaba decisiones difíciles —las correctas— decisiones de servir al Señor y no seguir al mundo y sus engaños.

Usted y yo tenemos que responder al desafío de Josué a "escoger hoy a quién serviremos". Y que no se nos pase por alto que Josué, como líder nacional, incluyó a su familia en su compromiso: "Pero yo y mi casa serviremos a Jehová" (v. 15). Amigo mío, la resolución de Josué ha de ser también la nuestra. De nuevo, el crecimiento en el Señor le ayudará a fortalecer su determinación de ser un esposo fiel a Dios que permanecerá firme en medio de una sociedad de maldad y de declarar su compromiso de conducir a su familia fuera del mundo, hacia Dios, y hacia el servicio a Él. Tal vez sea este un buen momento para pedirle a Dios que le conceda la determinación de Josué, leyendo mi oración personal de compromiso. ¡Que sea también su oración!

Amado Dios que estás en el cielo —tú que bendijiste a Josué por las decisiones que tomó para honrarte y seguirte— te pido que este sea un nuevo comienzo para mí. Que pueda yo decidir, de ahora en adelante, que mi vida te refleje mejor... que busque tu justicia con todo mi corazón... que me comprometa diariamente a crecer en mi relación con tu Hijo, mi Salvador, el Señor Jesucristo. Amado Dios, es mi deseo ser un esposo que dirige con el ejemplo, ama sin miedo al sacrificio, y sirve desinteresadamente. Que llegue yo a ser un esposo conforme a tu corazón. Amén.

Cosechar las bendiciones de Dios

Leí recientemente un gracioso comentario que decía, "Si no le gusta lo que cosecha, cambie lo que siembra". Tal vez sepa usted que algunas cosas no marchan muy bien en su hogar. Sabe que algo de su crecimiento espiritual (o la ausencia del mismo) está relacionado con lo que no va del todo bien en su vida y matrimonio. Pero, con todas las presiones de la familia y el trabajo, no parece ser que eso del crecimiento en el Señor "cuadre" con usted. Así que sigue usted bregando.

Amigo, podría decirse que acabo de describir mi vida de años pasados. Yo estaba sembrando egoísmo y gratificación propia. Estaba viviendo una vida de ambición personal. Mi meta era ser un ejecutivo de gran éxito en una empresa importante. Estaba cerrado en mis propias cosas y, créame, ¡Dios no formaba parte de la ecuación! Mi vida y mi matrimonio estaban cosechando frustración y desilusión. Mi esposa estaba incluso a punto de dejarme.

Pero entonces se produjo un cambio. Por la gracia de

Dios le bendecirá a usted y su matrimonio cuando usted sigue su diseño.

Dios, nos convertimos en una pareja cristiana. El nuestro se convirtió en un matrimonio cristiano. Con la ayuda de Dios empecé a cambiar lo que estaba sembrando, por así decirlo. Y tengo que decir que no fue fácil. Un día sembraba una bolsa de buena semilla. Al día siguiente la bolsa estaba llena de mala simiente. Pero anhelaba crecer, y busqué ayuda. Encontré a un hombre que me iba a discipular y mostrar lo que significa ser un esposo conforme al corazón de Dios. Poco a poco dejé de vivir una vida de egoísmo y placer personal para comenzar a vivir más y más consecuentemente para Jesucristo. Conforme iba creciendo en el Señor y aprendiendo cómo amar a mi esposa, Dios empezó a bendecirme. ¡Y Él bendijo, como dice Efesios 3:20, "mucho más abundantemente de lo que pedimos o entendemos"!

El matrimonio es una gran inversión de Dios. Un matrimonio en el que el esposo desea amar a su esposa como Cristo amó a la iglesia es un verdadero testimonio de la realidad de la fe cristiana. Pero un matrimonio que honra a Jesucristo no es algo fácil de conseguir. Si usted desea esta clase de matrimonio, entonces, como yo, tendrá que trabajar en ello.

Dios quiere bendecirle a usted y su matrimonio. Y, hermano, Dios quiere hacerlo cuando usted sigue su diseño. Confío en que haya realizado algunos compromisos relevantes durante la lectura de este capítulo. Pido a Dios que se haya usted comprometido a crecer en el Señor. Ahí es donde usted y yo tenemos que empezar. Requiere trabajo, pero ¡oh, qué bendiciones le esperan!

¿Cómo está su corazón?

No sé si usted habrá leído mi libro *Un hombre conforme al corazón de Dios*, pero en él desafío constantemente al lector a probar su corazón. El título de ese libro viene de la descripción que Dios hace del rey David, según leemos en Hechos 13:22. David no fue siempre el hombre que debía haber sido, pero en lo profundo de su corazón, Dios podía ver que tenía el anhelo de seguirle.

Voy a retomarlo ahora donde lo dejé en *Un hombre conforme al corazón de Dios* y hacer la misma pregunta. *¿Cómo está su corazón?* ¿De verdad quiere crecer espiritualmente? ¿Quiere seguir toda su vida a Dios y sus mandamientos? Son preguntas duras pero necesarias... y exigen una respuesta. En este mismo instante debe usted detenerse y contestar. ¿Contesta sí, o no?

Puede que quiera responder sí, pero tal vez esté pensando, *¡No puedo vivir ese tipo de vida perfecta! ¡Ya lo he intentado, y siempre acabo tropezando y cayendo. No puedo ser perfecto.* Bueno, amigo, tranquilo. No estoy hablando de perfección. David no era perfecto, y yo tampoco. De hecho, nadie es perfecto (Ro. 3:23). El único hombre que era perfecto es Jesucristo, el Hijo de Dios (He. 4:15). No, de lo que estoy hablando es de progresión. Sí, al igual que David, usted y yo tropezamos y caemos a veces. Pero el hombre de Dios —el esposo que es de Dios— se levanta cuando ha caído, procura el perdón y sigue adelante. Aun si da dos pasos hacia delante y uno hacia atrás

¡está progresando! ¡Y eso es crecimiento espiritual!

Insisto, ¿cómo está su corazón? Creo que usted tiene un corazón para Dios y sus cosas. Y creo que usted quiere ser un esposo conforme al corazón de Dios. Sé que lo quiere. Así que sigamos recorriendo juntos este libro. Sigamos juntos en el crecimiento espiritual para que podamos crecer "conforme a la medida de la estatura de la plenitud de Cristo" (Ef. 4:13).

En las próximas páginas seguiremos contemplando este asunto vital del crecimiento en el Señor mientras consideramos las "pequeñas cosas" que usted y yo podemos llevar a cabo para producir grandes cambios en nuestro matrimonio, pero por ahora, recuerde...

cuando crece en el Señor,
usted crece en su capacidad para ser un buen esposo,
usted crece en su capacidad para ser un buen padre,
y crece en su capacidad par ser ejemplo.
Por lo tanto...

Buscad primeramente el reino de Dios y su justicia
Y todas estas cosas os serán añadidas.
Mateo 6:33

Detalles que transforman

1. **Lea la Biblia cada día.**

   Está calculado que si le dedica usted diez minutos al día la habrá leído completa en un año. Elija, pues, un sitio. Comience en Génesis 1:1 o Mateo 1:1. No importa dónde empiece... ¡siempre que empiece! La idea es leer de forma sistemática y regular toda la Biblia. Ningún otro libro asegura ser palabra "viva y eficaz... y discierne los pensamientos y las intenciones del corazón" (He. 4:12). Permita a Dios obrar en su vida y matrimonio a medida que lee y medita en su Palabra.

2. **Vaya a la iglesia cada semana.**

   Obviamente esta no es una "pequeña" cosa porque la iglesia es un factor muy grande de la vida cristiana. La iglesia es donde su familia y usted pueden adorar unidos a Dios, aprender verdades bíblicas de dotados pastores y maestros, tener comunión con otros creyentes y parejas, y ministrar sus dones espirituales. Es cierto que puede usted adorar a Dios en cualquier parte, pero Él ha establecido la iglesia para que tengamos un lugar donde adorar (He. 10:25). Si puede usted trabajar cinco días a la semana, ¿por qué no puede ir a la iglesia un día a la semana?

3. **Visite una librería cristiana.**

   Pídale a Dios, antes de ir a su librería cristiana más próxima, que le muestre qué libros podrían ayudarle en esta etapa de su vida y su matrimonio.

Entonces vaya y pregunte para usted por la sección de literatura para varones, y para su matrimonio en la sección correspondiente. Explore entre los títulos y seleccione en oración los que despierten su interés. Puede que también sea hora de enriquecer su lectura bíblica con una Biblia de estudio que contenga notas explicativas. O, si tiene problemas con el lenguaje de su Biblia, buscar una versión algo más fácil de leer.

4. **Busque un mentor.**

   Si ha tenido alguna vez un entrenador o instructor personal, sabrá la gran ayuda que supone en su preparación física o profesional. Pues bien, un mentor o maestro personal puede ser igual de beneficioso en su aprendizaje espiritual. Usted sabe que debería estar creciendo espiritualmente, que debería estar mejorando en su matrimonio, pero no está del todo seguro de cómo hacerlo. Un mentor puede ayudar. Encuentre alguien que vaya delante de usted, que sea sabio y maduro en las cosas del Señor y pueda ayudarle a intensificar su preparación como cristiano y como esposo. Recuerde "Hierro con hierro se aguza; Y así el hombre aguza el rostro de su amigo" (Pr. 27:17).

5. **Únase a una clase o grupo de estudio bíblico.**

   Dios ha dado "pastores y maestros, a fin de perfeccionar a los santos" en la iglesia (Ef. 4:11–12). Son hombres dotados por el Espíritu de Dios y han estudiado y se han preparado para enseñar la Palabra de Dios y ayudarle en su crecimiento. Normalmente las clases o grupos de estudio son pequeños, lo que intimida menos y da más libertad para hacer preguntas. Y para que su participación sea más beneficiosa todavía ¿por qué no se integra junto con su esposa en una clase o grupo de estudio bíblico para parejas?

6. **Ore por su esposa.**

La oración es una disciplina espiritual. Cuando ora, está usted reconociendo que Dios participa activamente en su vida. Apartar tiempo cada día para la oración fortalecerá su vida espiritual, la cual, a su vez, fortalecerá su matrimonio y tendrá su mayor influencia sobre su esposa.

Creo que estará usted de acuerdo en que su esposa es una mujer ocupada. Ella desarrolla miles de funciones. Tiene multitud de papeles y responsabilidades. Y ella es la razón principal de todo lo bueno que a usted le ocurre. Entonces ¿por qué no orar por el crecimiento, protección y pureza de la persona más especial de su vida? Aparte de su piadosa madre, suegra o tía, usted puede ser la única persona sobre la faz de la tierra que está orando regularmente por su preciosa esposa. Pídale una foto. Póngala en su despacho o cerca de su computadora. Cada vez que eche una ojeada a su cara sonriente, recuerde elevar una oración por lo que sea que usted sepa que ella está haciendo en ese momento del día.

2

Trabajar en equipo

Mejores son dos que uno;
porque tienen mejor paga de su trabajo.
ECLESIASTÉS 4:9

Puede que se haya usted ya percatado de que me gusta el deporte. De hecho, cuando estaba creciendo, me gustaba tanto que participé en una variedad de ellos a lo largo de los años. Era bueno en algunos… y no tanto en otros. Pero disfrutaba jugando con los chicos. En la mayoría de esos campeonatos de patio, los equipos se organizaban en el acto, y la victoria dependía generalmente de qué equipo contaba con los mejores atletas. Pero a veces se ganaba cuando un grupo de muchachos de mediana calidad jugaba bien como equipo. (¿Ve usted la relación? ¿Le trae esto algunos recuerdos de infancia?)

Pues bien, este principio sobre el triunfo como equipo es también válido en el matrimonio. El matrimonio funciona bien cuando el esposo y la esposa trabajan juntos como un equipo. Esa es la forma en que Dios lo diseñó. Desde el principio, Dios quiso que el hombre y la mujer trabajasen juntos. Así que comencemos este capítulo observando el trabajo de equipo en el matrimonio al estilo de Dios.

El combinado ganador de Dios

El mundo de los deportes apenas ha producido unos pocos de lo que podríamos llamar "equipos perfectos". Son equipos que tenían "el combinado ganador". Como no soy un historiador de deportes, solo puedo ofrecer una perspectiva limitada sobre los que han sido los más perfectos equipos deportivos. Pero ¿cuáles diría usted que fueron los mejores de todos? ¿En béisbol? ¿En fútbol? ¿En baloncesto? ¿En otros deportes? En cualquier deporte o equipo que elija, este equipo los supera a todos. Algunos de esos equipos estaban cargados de talento. Otros probablemente no tenían muchos jugadores de talento superior, pero tenían el corazón. Trabajaban en equipo y lo ganaban todo.

En la Biblia también vemos el combinado ganador: El "equipo perfecto" de Dios. Este era perfecto porque lo creó el Dios de la perfección. Miremos más de cerca este equipo en Génesis 1 y 2 y veamos lo que podemos aprender del combinado ganador de Dios, el equipo perfecto de Dios, el matrimonio perfecto de Dios:

- *El equipo tenía el propietario más indicado.* En los deportes, el dueño del equipo juega un papel vital en el éxito del mismo. En este caso, Dios, el creador y propietario de este equipo, ha jugado el papel más importante de todos. Formó a su equipo a partir de cero. "La tierra estaba desordenada y vacía" (Gn. 1:2). "Entonces dijo Dios: Hagamos al hombre a nuestra imagen, conforme a nuestra semejanza" (v. 26).

- *El equipo tenía el entrenador más indicado.* Incluso el mejor equipo necesita un buen entrenador, uno que pueda proporcionar una dirección fuerte. Dios ha provisto ese liderazgo al declarar, "y señoree en los peces del mar, en las aves de los cielos, en las bestias, en toda la tierra, y en todo animal que se arrastra sobre la tierra" (v. 26).

- *El equipo tenía miembros de igual naturaleza y capacidad.* ¿Puede imaginarse un equipo en que todos poseyeran iguales talentos y capacidades naturales? ¿Un equipo donde todos son Michael Jordan? El equipo de Dios tenía dos miembros que fueron creados en la misma imagen. Ambos fueron creados a imagen de Dios. "Y creó Dios al hombre a su imagen, a imagen de Dios lo creó; varón y hembra los creó" (v. 27).

- *El equipo tenía el mandato más indicado.* Para ser un equipo ganador, necesita saber quién es su oponente y cuál es la estrategia para ganar. ¡Y a veces necesita una buena charla de ánimo en el descanso! El equipo del perfecto matrimonio de Dios tenía las jugadas bien determinadas. Esta era su estrategia de juego: "Fructificad y multiplicaos; llenad la tierra, y sojuzgadla, y señoread en los peces del mar, en las aves de los cielos, y en todas las bestias que se mueven sobre la tierra" (v. 28).

- *El equipo tenía los recursos más indicados.* En algunos deportes, el equipamiento lo es todo. Por ejemplo, como jugador de golf, ¿puede usted imaginarse con un solo palo en el carrito? Pero con Dios no es así. Él dijo, "He aquí que os he dado *toda* planta que da semilla, que está sobre toda la tierra, y *todo* árbol en que hay fruto y que da semilla; os serán para comer" (v. 29). El equipo de Dios tenía todo lo necesario para el juego de la vida.

- *El equipo tenía el líder más indicado.* Ya sea en deportes o negocios, tiene que haber una persona a cargo: un gerente, un capitán, un director de juego. En el caso del equipo de Dios, el hombre fue puesto en este lugar de autoridad. Fue creado primero cuando "formó al hombre del polvo de la tierra, y sopló en su nariz aliento de vida, y fue el hombre un ser viviente" (Gn. 2:7). Tenía que poner nombre a los animales. La mujer fue "traída" al hombre (v. 22), y fue él quien le puso nombre a ella. Desde cualquier ángulo que miremos, vemos que el hombre era el jugador central en el equipo.

> Si sigue el plan divino de trabajo en equipo puede hacer de su matrimonio un pedazo de cielo en la tierra.

- *Los miembros del equipo entendían bien su papel.* El hombre era el líder del equipo. Pero Dios, el entrenador-propietario, decidió que en lugar de tener que hacer todo el trabajo solo, podría valerse de un "ayudante", una esposa, alguien que le apoyase y asistiese. Dios dijo, "No es bueno que el hombre esté solo; le haré ayuda idónea para él" (v. 18). Esto no hacía a la esposa menos que un jugador. No, como ya hemos visto, la mujer fue creada con la misma imagen y semejanza que el hombre. Era "idónea" para él (v. 18), su homólogo, igual en dignidad... pero con un diferente papel a realizar en el equipo. La suya era una relación líder-ayudante.

- *Los miembros del equipo vivían sus papeles.* Una cosa es conocer tu papel, y otra muy diferente vivir conforme a él. Digamos, por ejemplo, que en mi equipo me asignaban el puesto de utilero, pero en mi corazón yo quería jugar de *quarterback.* ¡Seguro que había problemas! Pero en el equipo de Dios damos por hecho que Adán conocía su papel y funcionaba conforme a este. Y al ser el equipo perfecto, damos también por sentado que la mujer sabía y funcionaba perfectamente en su papel.

Bien, ahí lo tiene. Una buena y extensa consideración del equipo perfecto, el matrimonio perfecto. Puesto que la Biblia no lo dice, no sabemos cuánto tiempo funcionó el equipo de Dios como un equipo perfecto. Pero sí sabemos que durase lo que durase ¡era el cielo en la tierra! Piense en el mejor día que hayan tenido usted y su esposa juntos. Sin discusiones. Sin desavenencias. Nada más que armonía durante todo el día. Entonces... imagine cada día de esa manera, y, hermano, tiene usted un vistazo de ese primer matrimonio y esa perfecta relación entre esposos.

¿Cómo puede un matrimonio ser un pedacito de cielo en la tierra? O más concretamente, ¿cómo puede su matrimonio ser un pedacito de cielo en la tierra? La respuesta: siguiendo el plan de Dios de trabajo en equipo. Leamos ahora lo que Gary Thomas dice en cuanto a ver su matrimonio como un esfuerzo de equipo:

> Cuando un hombre y una mujer se casan, están prometiendo dejar de vivir como individuos y empezar a vivir como una unidad, como una pareja. En el matrimonio, ya no soy libre para andar tras lo que yo quiero; ya no soy un individuo solo. Soy parte de un equipo, y mis ambiciones, sueños y energías tienen que tenerlo en cuenta.[2]

Creo que tanto usted como yo podemos ver que necesitamos guardarnos nuestro egoísmo y nuestras cosas de niños (véase 1 Co. 13:11), emplear el concepto de trabajo en equipo ¡y ser un jugador de equipo!

Seguir el plan de Dios

Cuando sucedió yo era un joven que vivía en Oklahoma, ¡acabábamos de comprar nuestro primer televisor! Inmediatamente mi padre y yo nos sentamos aquel fatídico sábado para ver al equipo de fútbol de la Universidad de Oklahoma, los *Boomer Sooners*, jugar contra

Notre Dame. El día se grabó para siempre en mi mente como el día que terminó la racha ganadora del equipo de fútbol de la Universidad de Oklahoma: 47 partidos sin perder. (Y, si no me equivoco, nadie ha batido ese récord todavía). ¿Qué pasó? ¿Cómo pudieron perder? Estoy seguro de que había muchas razones, como quizás que jugaron contra un equipo mejor. Cualquiera que fuese la razón, se acabó la racha ganadora. Y eso era una noticia desoladora para cualquier seguidor del equipo de fútbol de la Universidad de Oklahoma.

Pues bien, hubo otra racha ganadora que terminó un día, y los hombres y mujeres no han vuelto a ser lo mismo desde esa "derrota". Fue el día en que el equipo del matrimonio perfecto fue derrotado. ¿Cómo ocurrió? *En primer lugar, los miembros del equipo se separaron*. La mujer se quedó sola y sin su compañero y capitán de equipo, el varón (Gn 3:1). *Segundo, había un oponente muy fuerte*. "La serpiente era astuta, más que todos los animales del campo" (v. 1). *Tercero, la mujer se enfrentó sola a su oponente, sin su compañero de equipo* (vv. 2-6). Y, como se suele decir, ¡el resto es historia! A partir de este premeditado ataque y la consiguiente derrota, el enemigo, Satanás, ha estado usando la misma exitosa estrategia para atacar y destruir matrimonios. Veamos ahora la ruptura de ese primer equipo perfecto y sus resultados:

- El varón acusó a Dios y a su esposa. "La mujer que me diste por compañera me dio del árbol, y yo comí" (v. 12).

- Comenzó la batalla entre los dos sexos. Dios dijo a la mujer, "tu deseo será para tu marido, y él se enseñoreará de ti" (v. 16). Cierto teólogo interpreta así este versículo:

> A causa del pecado y la maldición, el hombre y la mujer van a enfrentar luchas en su relación. El pecado ha convertido el armonioso sistema de roles ordenado por Dios en un desagradable forcejeo entre tercas voluntades. Como resultado, esposos y esposas, compañeros de por vida, necesitarán la ayuda de Dios para llevarse bien. El deseo de la mujer quisiera estar sobre el de su esposo, pero el esposo tendrá la autoridad por designio divino.[3]

¡Pero, ánimo! ¡No está todo perdido! Aunque usted y yo estamos por debajo de la perfección, podemos recuperar un poco de ese estado de forma original del equipo del matrimonio si retomamos el consejo de este teólogo y buscamos la ayuda de Dios y seguimos su plan para nuestro matrimonio regresando al plan original partiendo de los fundamentos.

Regreso a los fundamentos

Volvamos al equipo perfecto y veamos lo que cuesta volver a conseguir ese combinado ganador. Sé que a veces he fallado en seguir el patrón de Dios para mi matrimonio. ¿Y usted? ¿Está usted siguiendo el modelo de ese equipo perfecto original creado y dirigido por Dios mismo? Hagámonos algunas duras preguntas considerando de nuevo los fundamentos:

- *El equipo tenía el propietario que debía.* ¿Es Dios el dueño de su matrimonio? La Biblia dice que todo cristiano ha sido comprado con precio (1 Co. 7:23). Ese precio es la muerte de Cristo (1 P. 2:24). Su equipo, constituido por su esposa y usted, debe comenzar con el propietario correcto. ¡Así de básico! Si Cristo no es el Señor de su vida, puede que sea el momento adecuado para pedirle que sea su Salvador y pase a pertenecer a un nuevo dueño. Si está usted planteándose qué hacer para realizar esta "transacción", puede orar esta plegaria de todo corazón:

  Jesús, sé que soy pecador, quiero arrepentirme de mis pecados y volver y seguirte. Creo que tú moriste por mis pecados y resucitaste victorioso sobre el poder del pecado y la muerte, y quiero aceptarte como mi Salvador personal. Ven a mi vida, Señor Jesús, y ayúdame a seguirte y obedecerte de ahora en adelante. Amén.

- *El equipo tenía el entrenador que debía.* La Biblia es el libro de reglamento de Dios para la vida y para su matrimonio. ¿En qué medida está usted siguiendo el reglamento de Dios para su matrimonio? Si no está leyendo la Biblia a diario, hoy puede ser un buen día para empezar. No puede jugar con éxito sin conocer las reglas. Tiene que descubrir lo que Dios, su entrenador, le está pidiendo.

- *El equipo tenía miembros de igual naturaleza y capacidad.* ¿Cómo ve usted a su esposa? ¿La considera de segunda clase, inferior? Puede que no se descubra y ni admita tal consideración, pero puede que sus acciones estén revelando su corazón, así que compruebe sus acciones. Dios creó a su dulce esposa a imagen de Él. A ojos de Dios "no hay varón ni mujer; porque todos vosotros sois uno en Cristo" (Gá. 3:28). Por tanto, debe usted tratar a su esposa con el amor y respeto que merece como igual. De hecho, si considerase usted más su valor, ¡podría llamarla su mitad *mejor*!

- *El equipo tenía el mandato que debía.* ¿Cómo ve la misión de su matrimonio? Tiene que darse cuenta de que no consiste meramente en vivir juntos y tener o no hijos. Obviamente esos son elementos esenciales de cualquier matrimonio, pero eso es lo que hace todo el mundo. No, Dios tiene planes mayores para usted y su matrimonio. Él los ha reunido a ustedes para servirle, para "enseñorearse" y mostrar su gloria a un mundo expectante. ¿Por qué no se sienta con su esposa y esbozan un "plan de juego" para glorificar a Dios en su matrimonio?

- *El equipo tenía los recursos que debía.* La Biblia afirma que Jesucristo nos ha dado "todas las cosas que pertenecen a la vida y a la piedad" (2 P. 1:3). Ahí están los recursos para un matrimonio que honre a Dios. Ahí están, a nuestro alcance. ¿Está usted aprovechando esos recursos "mediante el conocimiento de aquel que nos llamó" (v. 3)?

- *El equipo tenía el líder que debía.* Dios le ha llamado a usted, el esposo, a ser el líder físico y espiritual de su matrimonio. ¿Cómo lo está haciendo? No se desanime si no está exactamente donde debería encontrarse. Pero pida a Dios que le dé renovada determinación para ser un líder. Pídale que le dirija a uno o varios hombres de su iglesia que puedan ayudarle para ser dicho líder. De nuevo, los recursos están ahí. No sea demasiado orgulloso como para pedir ayuda. ¡Su equipo necesita su liderazgo!

- *Los miembros del equipo entendían bien su papel.* ¿Entienden bien su esposa y usted los papeles que respectivamente les corresponde desempeñar en su matrimonio? Una vez más, asegúrense ambos de mirar de nuevo en el libro de reglamento —la Biblia— para una descripción de sus roles. Recuerden, el matrimonio es una relación entre líder y ayudante.

- *Los miembros del equipo vivían sus papeles.* Como esposo, sabe que no puede hacer que su pareja viva su papel de esposa y ayudadora, pero usted (por la gracia de Dios) puede poner en práctica el rol que Dios le ha asignado como líder de su matrimonio. Nuevamente, busque toda la ayuda que pueda para vivir su papel.

"Dos mejor que uno"

El rey Salomón escribió con las palabras perfectas el resumen de la perspectiva divina del trabajo de equipo en el matrimonio. En el libro de Eclesiastés, Salomón trató muchas cuestiones de la vida, pero en una sección en particular escribió sobre el valor de un compañero, o, en nuestro caso, un cónyuge. Leamos estas sabias declaraciones, recordémoslas y apliquémoslas en nuestro matrimonio. Propongámonos trabajar en equipo, no como un equipo cualquiera, ¡sino como uno ganador!

Mejores son dos que uno;
porque tienen mejor paga de su trabajo.
Porque si cayeren, el uno levantará a su compañero;
pero ¡ay del solo! que cuando cayere,
no habrá segundo que lo levante.
También si dos durmieren juntos,
se calentarán mutuamente;
mas ¿cómo se calentará uno solo?
Y si alguno prevaleciere contra uno,
dos le resistirán.
ECLESIASTÉS 4:9–12

Dios sabe que "dos son mejor que uno". Por eso le ha dado su pareja. Su esposa ha de ser su compañera: alguien con quien vivir, a quien amar, con quien vencer en equipo las batallas de la vida.

Cosechar las bendiciones

En el jardín de Edén, Dios finalizó su perfecta creación y bendijo a la primera pareja. Ellos funcionaban perfectamente en equipo y el suyo era un equipo ganador. Pero tantos años después, tras la caída en el pecado, Dios sigue deseando crear nuevos equipos ganadores, y crear uno de ellos en el matrimonio de *usted*. ¿Por qué no sigue sus instrucciones y se compromete a ser un líder para su esposa y a trabajar en equipo con miras a cumplir el plan de Dios para su matrimonio? Estas son algunas de las bendiciones que le reportará esta clase de compromiso:

Siga el plan de Dios y demuestre a este mundo expectante qué aspecto tiene un "equipo ganador".

Dios recibirá honra. ¿Qué mayor bendición puede usted disfrutar que la de exaltar y honrar a Dios dando honor a su diseño para el matrimonio de ustedes?

Su matrimonio recibirá honra. El mundo, y hasta la comunidad cristiana, está buscando matrimonios que funcionen. Siga el plan de Dios y demuestre a este mundo expectante qué aspecto tiene un "equipo ganador". Los demás respetarán lo que ven y querrán seguir su modelo divino.

Se sentirán completos. El plan de Dios exige dos personas, hombre y mujer, que han de trabajar juntos como equipo, enriqueciéndose el uno al otro. ¡Qué hermoso plan! Su debilidad se ve enriquecida por la fuerza de su esposa. A su vez, la fuerza de usted ayuda en la debilidad de ella. De modo que, juntos, ambos representan una fuerza mucho mayor para la causa de Jesucristo. ¡Eso es el glorioso trabajo en equipo!

Detalles que transforman

1. Planifiquen juntos.

Un equipo necesita metas y direcciones comunes. Hacer planes juntos puede proporcionar a su equipo matrimonial ese enfoque. Así que únase a su esposa y escojan una fecha en la que puedan hacer planes para la próxima semana o mes. Su objetivo es preparar el año próximo y los años venideros. ¿Qué más podrían planificar juntos? Sus vacaciones anuales. La educación de sus hijos. Su jubilación, etc. Una vez conozcan ambos el plan (cualquiera que sea), pueden poner toda su energía en llevarlos a cabo... juntos.

2. Trabajen juntos.

Su matrimonio es la unión de dos personas que cuando trabajan en equipo, juntas, pueden alcanzar mucho más que cuando lo hacen por separado. Por tanto, seleccione proyectos que les permitan trabajar unidos para llevar a cabo la tarea. No siempre es fácil funcionar como equipo. Y tal vez tenga que esforzarse en ello un tiempo hasta que ya no estén trabajando el uno *contra* el otro, sino el uno *con* el otro. Funcionar como pareja permite hacer cualquier trabajo más rápido, y pueden divertirse mucho juntos en el proceso a la vez que disfrutan de la satisfacción mutua de admirar sus logros en común.

3. Jueguen juntos.

Esta "pequeña cosa" es tan importante que vamos a dedicarle un capítulo entero (Capítulo 10, "Conseguir tiempo para la diversión"). Pero de momento dése cuenta de que su matrimonio necesita un período de descanso de vez en cuando. Con ello me refiero a un paréntesis en la tensión de la vida diaria, el trabajo, la educación de los niños, las tareas domésticas. Deben planificar un tiempo para divertirse los dos. Contrate a alguien que le cuide los niños y salgan una noche. Hagan algo que les mantenga mentalmente ausentes del resto de la gente y de las presiones y permítanse estar el uno por el otro. ¡Pásenlo bien!

4. Oren juntos.

Ya he mencionado en el capítulo anterior que ore *por* su esposa, pero orar con ella lleva la oración a otro nivel. Consiga un tiempo diario en que los dos puedan ir al Señor en oración unida. No tiene por qué ser mucho, basta con unos minutos. La oración en pareja une intensamente sus corazones de cara a la dirección e inquietudes espirituales. Su esposa oirá su corazón mientras usted le habla a Dios. Y usted experimentará lo mismo al escuchar sus oraciones. Los deseos de usted para su matrimonio llegarán a fundirse con los de su esposa mientras ambos caminan juntos en la fe.

5. Piensen juntos.

Aunque está claro que usted cultivará amistades

en el trabajo y en la iglesia, tendrá aficiones deportivas y de otro tipo que trascenderán su matrimonio, siempre tiene que pensar como un hombre casado. Antes de precipitarse en algo, piense "en conjunto" y pídale opinión a su esposa. Infórmele cuando cambie sus planes y no vaya a estar en casa a la hora. Consúltela en las cuestiones de negocios, especialmente si afectan a ella y a la familia económicamente. Intente observar el principio de Filipenses 2:4: "no mirando cada uno por lo suyo propio, sino cada cual también por lo de los otros".

3

Aprender a comunicarse

La dulzura de labios aumenta el saber...
El corazón del sabio hace prudente su boca,
Y añade gracia a sus labios.
PROVERBIOS 16:21, 23

Déme una taza de café y puedo hablar sin parar por horas. Póngame junto a mis amigos pastores y podemos estar hablando de teología hasta el amanecer. Pero hágame sentar junto a mi esposa... y a veces hay un silencio que aturde. ¿Por qué ocurre esto? ¿Por qué no puedo ser tan locuaz con mi esposa como lo soy con los compañeros de trabajo?

No siempre fue así. Hubo un tiempo en nuestra época de cortejo cuando, con o sin café, Elizabeth y yo podíamos hablar durante horas. Y durante nuestra etapa de prometidos podíamos dialogar de todo lo habido y por haber hasta el alba. ¿Qué terrible suceso aconteció entre el noviazgo y el matrimonio? ¿Qué enfermedad nos afectó (o me afectó) hasta el punto de que conversar con ella se hiciera un esfuerzo? ¿Se trataba de amnesia o pérdida de memoria? ¿Es que se habían acabado los temas de conversación? ¿Se perdió algo entre nosotros? ¿O tal vez es que simplemente dejé de intentarlo?

¿Le recuerda un poco este cuadro a su matrimonio? ¿Reconoce algo de su situación en lo que cuento? Parece que la comunicación —o su ausencia— es una cuestión importante en la mayoría de los matrimonios. Y no resulta extraño que haya problemas si no hay el menor intento de comunicarse por parte del varón, ¡siga leyendo!

> Mi compañera de cita estaba frente mí, carraspeé y comencé.
>
> "¿Qué decías cuando dijiste lo que yo pensé que decías? ¿Decías lo que dijiste cuando me pareció que decías tu parecer?
>
> "¿O has dicho tu opinión de otra forma? Lo que yo quería decir es ¿qué querías decir cuando dijiste lo que yo pensé que decías? ¿Querías decir lo que dijiste ese día?
>
> "Está bien, deja que te lo diga de otra forma. ¿Qué quisiste decir cuando dijiste lo que yo creo que pensé que decías, ya sabes, cuando me pareció que habías dicho tu parecer el otro día?"
>
> "No estoy segura", replicó ella.
>
> "Oh", dije yo.[4]

Ahora debo apresurarme a añadir que mi historia no es tan mala como la he dibujado. ¡Y no creo que mi capacidad comunicativa con mi esposa sea tan confusa como la del hombre de este ejemplo! Pero admito que la comunicación es un aspecto de mi matrimonio que constantemente precisa ayuda. Estoy seguro de no ser el único que necesita ayuda.

Así que, al comenzar un nuevo aspecto de lo que significa ser un esposo conforme al corazón de Dios, tanto usted como yo debemos preguntarnos algunas cosas para exploración de nuestra alma, como por ejemplo... ¿cómo puedo recobrar esa locuacidad que mi entonces prometida consideraba tan encantadora? ¿Cómo puedo recuperar el cuidado con el que solía transmitir mi amor y afecto a mi novia? ¿Y cómo puedo mejorar mi comunicación hasta el punto en que unas palabras escogidas mías sean como "manzana de oro con figuras de plata" (Pr. 25:11)?

"Como manzana de oro"

¿Quiere que sus palabras sean dignas de este calificativo? Imagine que sus palabras son tan apropiadas para cada situación que su esposa las pudiese valorar como una gran pieza de oro con forma de manzana. Eso es lo que el escritor de Proverbios dice que pueden ser nuestras palabras. Con este cuadro en nuestra mente del valor de las palabras exquisitas, tomemos la expresión H-A-B-L-A-R como un acróstico para recuperar la maravillosa comunicación que formó parte tan importante de nuestra relación de matrimonio en el pasado.

Habilidad para escuchar. Escuchar es un arte perdido. Todo el mundo, incluidos usted y yo, es demasiado impaciente. No logramos respetar al otro lo suficiente como para dejarle terminar de hablar antes de saltar nosotros. Tendemos a valorar lo que *nosotros* queremos decir muy por encima de como apreciamos las palabras del prójimo. Proverbios 18:2 tiene un nombre especial para este tipo de persona: "No se complace el *necio* en la inteligencia, sino en manifestar su propia opinión". Algunos podrían llamar a eso comunicación unívoca.

No ser capaz de escuchar es un problema incontrolado en el matrimonio. No sé si habrá estado usted alguna vez junto a una pareja de esposos solo para escuchar a uno o a ambos interrumpiéndose con "importante" información como, "No, Carlos, eso no fue hace seis años, sino siete", "Perdona, cariño, pero creo que te equivocas. Pedro no tuvo ese trabajo en Cleveland, fue en Chicago". ¿Le suena familiar? La verdadera comunicación no es una calle de una sola dirección. La comunicación real exige que escuche usted primero lo que su esposa está diciendo y entonces adecue sus palabras para transmitir una respuesta apropiada.

Por consiguiente, está el esposo que finge escuchar cuando realmente está "fuera de sintonía". Eso no es otra cosa sino preocupación egoísta. Está tan absorto en su propia vida y problemas que prácticamente se desconecta de su esposa. La mira directamente a los ojos aunque su oído está en blanco. La mayoría de los esposos, incluidos usted y yo, somos culpables de esto ¡más a menudo de lo que queremos admitir! Oh, podemos asentir con la cabeza, pero en realidad no escuchamos. En realidad eso es algo irrespetuoso. Cuando nos desconectamos de lo que está diciendo nuestra esposa, estamos manifestando que sus palabras, opiniones, preocupaciones, inquietudes y necesidades no son importantes.

Sé que usted valora a su esposa y se preocupa por sus necesidades. Por eso se está tomando el tiempo de leer un libro como este. Posiblemente en tiempos pasados usted escuchaba atentamente toda palabra que salía de su boca. Escuchaba atentamente en busca de detalles para entenderla mejor. Indicios que le ayuden a amarla más. ¿Qué es lo que ha cambiado, pues? La respuesta: ¡*usted* ha cambiado! Por tanto, debe cambiar de nuevo y reavivar su facultad de escuchar. Tiene que aprender a ser "pronto para oír, tardo para hablar" (Stg. 1:19).

Y mientras está en ello, escuche los consejos de su esposa. Dios le ha dado en ella una "segunda opinión", así que escúchela y préstele atención. Como ya hemos visto, "mejor son dos que uno" (Ec. 4:9). ¡Se alegrará de haberlo hecho!

Añada prudencia a sus palabras. Podría describir a la mayoría de los hombres y su estilo de comunicación como "el tipo fuerte callado". Son hombres de pocas palabras. Su comunicación consiste en una repetición de contados monosílabos. Pero el principio de un hablar escogido no cambia, hablemos con muchas o con pocas palabras. Hemos de ser juiciosos en lo que decimos. Proverbios lo expresa así: "En las muchas palabras no falta pecado; el que refrena sus labios es prudente" (10:19). No seamos tan callados. Nuestras esposas necesitan nuestras opiniones. La comunicación es una calle de doble sentido. Pero

> El modo en que habla es a menudo más importante que las cosas que dice.

tengamos también cuidado con lo que decimos... y cómo lo decimos.

Buena elección de tema y tono. Cuando Elizabeth y yo éramos recién casados, había dos temas delicados que no podíamos tratar sin entrar en fuerte controversia: religión y política. Entonces, ¡milagro de milagros, Dios llegó a nuestro matrimonio y la religión era el único tema del que queríamos hablar! ¿Y ustedes? Hay temas polémicos o "teclas" que su esposa y usted pulsan o evitan y que hacen que ustedes lleguen a alzarse la voz? ¿Hay temas o "teclas" que seguramente derivan en una acalorada discusión? Si ese es el caso, entonces identifiquen primero tales temas en este preciso momento y decidan que, con la ayuda de Dios, no será usted el que levante la voz.

Decida también, con la ayuda de Dios, que no será usted el que se ponga furioso. En uno de los versículos en que la Biblia se refiere concretamente a los esposos, la Biblia dice, "Maridos, amad a vuestras mujeres, y no seáis ásperos con ellas" (Col. 3:19). Tiene que amar a su esposa, procurar la paz y hacer caso al consejo: "La blanda respuesta quita la ira; Mas la palabra áspera hace subir el furor" (Pr. 15:1). ¿Lo fundamental? Hable con suavidad. ¡A menudo importa más *cómo* habla, y no tanto *qué* dice!

Legados positivos en las palabras. ¿Ha tenido usted alguna vez la terrible experiencia de escuchar a uno de sus hijos repetir a otro niño alguna expresión no precisamente buena que usted ha usado en casa? ¿Y no se da cuenta entonces de que no estaba teniendo cuidado con esas palabras no muy edificantes?

Nuestro último punto relativo a la comunicación ha

tratado de la *manera* en que usted habla: debe ser suave. El presente punto trata del *material* con que habla. Acepte el consejo de la Biblia cuando se refiere al carácter de sus palabras: "Ninguna palabra corrompida salga de vuestra boca, sino la que sea buena para la necesaria edificación, a fin de dar gracia a los oyentes" (Ef. 4:29).

Ausentarse de la pelea. Imagine que va a un combate de boxeo. Hay un hombre con calzón azul en una esquina, y el contrincante está en la esquina opuesta, con calzón rojo. Suena la campana… y solo el de calzón rojo se aproxima al centro del cuadrilátero. De inmediato los aficionados empiezan a chillar y gritar al ver que no hay combate. ¿Por qué? Porque se necesitan dos para que haya pelea.

Lo mismo ocurre en el matrimonio. Cundo hay una discusión entre su esposa y usted (note que he dicho *cuando*, no *si*), no tarde en pedir perdón. Esté dispuesto a ser el primero en decir, "Lo siento". En lugar de ser parte del problema y contribuir al enfrentamiento, practique la "dulzura de labios" (Pr. 16:21). ¿Pero qué hacer si la discusión ya ha comenzado? La respuesta: Sea el primero en pedir perdón. La búsqueda del perdón no es una cuestión de quién tiene razón o no, es un asunto de obediencia a Dios. Jesús dijo: "si... te acuerdas de que tu hermano tiene algo contra ti,… anda, reconcíliate primero con tu hermano" (Mt. 5:23–24). Así que el esposo sabio resuelve o pone fin tranquilamente a la cuestión pidiendo perdón.

Rendir honor a la verdad con sus palabras. Cuesta años labrarse la confianza... pero puede perderse de inmediato con la menor mentira. Si usted o su esposa no han sido del todo sinceros el uno con el otro, sabe el tiempo y esfuerzo necesario para reconstruir los pedazos de la confianza destruida. Tiene usted que ser siempre sincero en su comunicación con su esposa. No diga una cosa cuando quiere decir otra.

Los dirigentes religiosos de la época de Jesús fueron frecuentemente acusados de hablar con engaño. Podían decir una cosa pero dar a entender otra. Su habla engañosa se manifestaba de muchas formas. Por eso Jesús les dijo, "Pero sea vuestro hablar: Sí, sí; no, no; porque lo que es más de esto, de mal procede" (Mt. 5:37).

Amigo, estas palabras son también para nosotros. Hemos de ser honestos y sinceros en nuestra comunicación. Y yo añadiría, ¡especialmente con nuestras esposas! ¿Es usted culpable de alguna de estas formas de habla engañosa?

Una mentira absoluta, y usted la conoce

Una exageración, la vieja historia del pez enorme que casi pescó

Una verdad a medias, como cuando Abraham dijo que Sara era su hermana

Una verdad evitada, evadir o cambiar de tema para evitar la respuesta a una pregunta

Si es así, siga los mandamientos de la Escritura "desechando la mentira" y "hablando verdad" con su esposa (Ef. 4:25).

Pues bien, aquí lo tiene. Un HABLAR que honre a Dios

y a su esposa. ¿Qué esposa no respondería de forma positiva a un esposo que practique este tipo de sabia comunicación? Y, amigo, su esposa no es diferente. A menudo oigo a la mía hablar con otras que exponen abiertamente su anhelo de que los esposos se comuniquen con ellas. Por tanto, sé que hay más que usted y yo podemos hacer en este aspecto. Así que intentemos transmitir nuestro amor a nuestras esposas con más frecuencia y mayor habilidad. ¿Pero dónde exactamente empezamos este proceso? Comenzamos al dar el primer paso, que se resume en una frase: comprender para *amar*.

Comprender para amar

Sigmund Freud, el padre del psicoanálisis, hizo una estupenda afirmación al respecto: después de cuarenta años de práctica todavía tenía que entender a las mujeres. ¿Se siente usted así en cuanto a su esposa? ¿Siente que cuanto más viven juntos más se convierte ella en un misterio? Tal vez por eso la ama usted tanto. Ya sabe, ¡no hay ocasión para aburrirse en casa! Y en cuanto empieza usted a entenderla ¡cambia!

Amar a su esposa y convivir "de manera comprensiva" con nuestras esposas es un mandamiento de la Escritura para nosotros (1 P. 3:7, BLA). ¿Cómo se consigue? Por medio de la comunicación. Pero, tal como ya hemos visto, la comunicación es un problema considerable para muchas parejas. ¿Por qué? Pues bien, hay muchas razones… ¡de eso podemos dar testimonio! En seguida voy a dar una lista de razones por las que a veces esposos y esposas tienen problemas para comunicarse. Tales problemas pueden ser de los dos. Ambos podemos no conseguir comunicarnos por razones comunes o distintas. Y aquí hay algo que he aprendido: no puedo encargarme de los problemas de comunicación de mi esposa, ¡pero seguro que puedo ocuparme de los míos! Y puede que, si mejoro mi capacidad comunicativa, mi esposa responderá y se comunicará también mejor. Entonces nos beneficiaremos ambos de mi esfuerzo. Pero independientemente de lo que haga mi esposa, Dios quiere que yo aprenda a comprender mejor y apoyar a mi esposa.

Así que ¿cuáles son algunas de las barreras que obstaculizan una buena comunicación? Aquí hay unas pocas. ¡Y siéntase libre para añadir las suyas!

1. *Falta de tiempo*. La buena comunicación requiere tiempo. Y eso es algo bastante escaso en estos días. Con su ajetreada agenda —y también la de su esposa— no parece haber tiempo suficiente para una comunicación significativa. Piense por un momento en la cantidad de tiempo que usted y su esposa están juntos a solas. Tome el día de ayer como ejemplo. Añada los minutos (no las horas) en que los dos están despiertos y juntos a solas. ¿Cinco minutos por la mañana y quince por la noche? Si es así, o algo parecido, no es demasiado ¿verdad? Si es ese el caso, no le extrañe que los dos sean extraños viviendo bajo un mismo techo. Gracias a Dios, ustedes pasan más tiempo juntos del que hemos dicho.

2. *Falta de consideración.* Afrontémoslo, tanto usted como yo somos básicamente egoístas. Lo que queremos *lo* queremos. ¡Y lo queremos *cuando* lo queremos! Nuestra naturaleza de pecado ha formado en nosotros una preocu-

pación egocéntrica. Por tanto, en general no estamos interesados en el día de nuestra esposa, sus inquietudes, sus problemas con los niños o en el trabajo. ¡El día duro lo hemos tenido *nosotros*! Quienes merecen mimos y cuidados somos *nosotros*. Los que tienen ganas de llegar a casa, comer bien, relajarse y ver un poco la televisión somos *nosotros*. No importa que en muchos casos su esposa también haya cargado con un día de ocho o diez horas y ahora llegue a casa y tenga que hacer todo lo que se espera de la esposa y mujer ideal de Proverbios 31. Un esposo con más amor y consideración pensaría en su esposa (Fil. 2:3-4), y le preguntaría (¡eso significa *comunicarse*!) cómo puede ayudarla a terminar el día más descansada.

3. *Falta de deseo.* Esto es lo que me pasa a mí. Si quiero ir a pescar, encuentro el tiempo. Si quiero ir a correr, también. Usted y yo hacemos lo que queremos ¿no? Si algo nos interesa y lo deseamos lo suficiente, hacemos lo necesario para conseguirlo. Pues bien, confío que a estas alturas entienda la importancia de la comunicación entre usted y su esposa. Hasta este momento de su matrimonio, si es usted como la mayoría de los varones, no habrá dedicado mucho esfuerzo a mejorar la comunicación con su esposa porque no habrá considerado su importancia.

Bien, si es un hombre de negocios, sé que estará de acuerdo en que la comunicación es de una importancia capital en el mundo de los negocios. Cuando yo era agente comercial, tenía que ser capaz de comunicar la superioridad de los productos de mi empresa. Como maestro bíblico, tengo que comunicar con precisión las verdades de la Palabra de Dios. Y estoy seguro de que también para usted es importante la buena comunicación. Sea usted representante, ejecutivo, ingeniero o lo que sea, sabe que no puede triunfar sin buenas aptitudes para relacionarse. Así que ¿por qué no toma algo de esa motivación y empuje que le dan éxito en su trabajo y los aplica a la comunicación con su esposa? La recompensa será mucho mayor que cualquier logro que pueda conseguir en una profesión. Y además estará cumpliendo el mandamiento del Señor para vivir con su esposa de una manera comprensiva.

4. *Falta de intereses comunes*. Contemple el escenario: En una ocasión usted se sintió atraído por una señorita. Cuando consiguió conocerla un poco mejor, descubrió que tenían cosas que interesaban a ambos; quizás música, aficiones, libros, y afortunadamente, el Señor. Se casaron... y entonces otras cosas como trabajos, hijos, actividades —puede usted nombrarlas— empezaron a interponerse entre usted y la persona con la que antes tenía tantas cosas en común. Ahora, tras varios años de matrimonio, usted y su esposa se han distanciado. Son completos extraños. Si nada lo remedia, ¡no tendrán nada que decirse durante los próximos veinte años!

5. *Falta de energía.* Cuando se está cansado, es fácil poner excusas. ¡Y es realmente más fácil no hacer nada que hacer algo! Llega usted a casa, se deja caer en el sofá y procura relajarse. Débilmente justifica su falta de deseo para comunicarse, pensando, *Puesto que estoy cansado y he estado todo el día hablando en el trabajo, merezco descanso. Pronunciaré unos cuantos "gruñidos" a mi esposa y mis hijos, y eso será suficiente para que me ocupe de mis responsabilidades como esposo y padre.* ¿Fun-

cionaría este razonamiento en su trabajo? Una vez más, su elección vuelve a lo que importa. La comunicación es importante, pero supone esfuerzo. Si un cierre de venta con un cliente le exigiese echar mano de toda su energía, sé que haría lo necesario. Entonces ¿qué —o quién— es más importante a los ojos de Dios, y debería ser a los de usted también, que su querida esposa?

Cambiar la situación

Pues bien, amigo mío, espero que se haya sentido aludido y tocado cuando hemos hablado de vivir con su esposa de manera comprensiva. Sé que esté capítulo se está desarrollando un poco más largo que los demás, pero este es uno de los principios más importantes que como esposos hemos de poner en práctica. Como cristianos, la Biblia nos da abundantes mandamientos de carácter general, pero pocos dirigidos específicamente a los esposos. Eso significa que deberíamos prestar atención a tales mandamientos concretos ¿no cree? Y, hermano, este es uno de ellos: "Y vosotros, maridos, igualmente, convivid de manera comprensiva con vuestras mujeres,... dándole honor como a coheredera de la gracia de la vida" (1 P. 3:7, BLA). Hacemos bien en prestar atención a lo que Dios nos dice como esposos. Así que ¿está usted listo para hacer algunos cambios? ¿Está preparado para cambiar la situación en la relación con su esposa? ¡Reconozco que a medida que escribía esto he estado acusándome a mí mismo!

Pero ¿dónde empezamos? Primero, hagamos un pequeño cuestionario para determinar el nivel de comunicación con nuestra compañera de por vida. Compruebe qué frases describen mejor su actitud en cuanto a conectar con su esposa. ¿Qué esposo es usted?

- "¿Qué? ¿Has dicho algo? ¿Me estabas hablando?"
- "¡Claro que te estoy escuchando! Por cierto ¿qué hay para cenar?"
- "Hablemos mientras veo el partido de fútbol".
- "Déjame decirte lo que pienso".
- "Toma el tiempo que necesites; te escucho".

¿Qué tal lo ha hecho? Seguramente es como yo y ha reconocido que es culpable de haber dicho o pensado alguna de estas frases en alguna ocasión. Creo que coincidirá conmigo en que siempre hay ocasión para mejorar. Pues ¿qué es lo que sigue?

Haga un esfuerzo para comunicarse. Decida hablar con su esposa cada día en cuanto llegue, usted o ella, a casa. Tenga una libretita con preguntas listas para hacerle, como por ejemplo, "¿Cómo te ha ido el día?... ¿Algún problema en casa?... ¿Cómo puedo ayudarte esta tarde?... ¿Necesitan ayuda los niños con la tarea?" Estoy seguro de que se le ocurrirán otras preguntas que puede hacer para enriquecer la comunicación diaria con su esposa.

Planifique un tiempo para comunicarse. Lleve sus esfuerzos un paso adelante y aparte tiempo para estar a solas con su esposa para poder hablar *juntos* (¡y solos!) de la vida, el futuro, sus sueños y metas como pareja. Planifique una velada solo para ustedes dos. Vayan a un lugar

> Tengamos cuidado con lo que *no decimos*, y hagamos un esfuerzo para edificar con *lo que decimos.*

tranquilo y oblíguense a hablar. Esfuércense. Ha leído bien. He dicho *oblíguense* a hablar. Si se parece algo a mí (y sé que es posible), sabe que con gusto dejo a mi esposa venir con todos los temas de conversación y entonces respondo en actitud pasiva cuando me pregunta. Así que intente descargar de los hombros de su esposa parte de la carga de comunicación y tenga alguna iniciativa. Planifique tiempo para comunicarse.

Tenga en cuenta que la comunicación es más que solo palabras. ¿Nunca ha oído el dicho, "los hechos hablan más fuerte que las palabras"? Hasta aquí hemos hablado de la comunicación verbal. La mayoría de los varones con los que he hablado tienen ahí un problema. ¡No hablan con sus esposas! Pero si el experto en comunicación Albert Mehrabian no se equivoca en su investigación, también debemos ocuparnos de nuestra comunicación no verbal, nuestras acciones. Esto es lo que ha descubierto el Sr. Mehrabian:

> Hasta un 55 por ciento de un mensaje que enviamos puede ser comunicado de forma no verbal mediante la acción. Otro 38 por ciento de un mensaje puede comunicarse a través del tono de voz. Eso deja solo el 7 por ciento comunicado por las palabras proferidas.[5]

¡Vaya! Eso significa que nuestro tono de voz y la forma en que actuamos ante nuestra esposa comunican ¡hasta un 93 por ciento de nuestros pensamientos y sentimientos hacia ella! Tengamos, pues, cuidado con lo que *no decimos*, y hagamos un esfuerzo para edificar con lo que *decimos*.

Las bendiciones de la Buena comunicación

He dicho al principio de este libro que mi esposa, Elizabeth, y yo estamos escribiendo simultáneamente libros que se complementan, yo para los esposos y ella para las esposas. Ha sido importante para nuestra propia comunicación comentar nuestros capítulos entre nosotros para que los libros puedan ayudar tanto a esposos como a esposas a ocuparse de ciertas cuestiones clave de sus matrimonios. Si usted y su esposa están leyendo juntos este capítulo, considérense nuestros invitados ¡y añádanse a nuestra lista de bendiciones!

- Dios recibe honra cuando hacemos las cosas a su manera.
- La amistad con su esposa resulta fortalecida.
- Su relación conyugal adquiere un mayor significado.
- Disminuyen los malos entendidos.
- La paz y la armonía se refuerzan.
- Se mejora el trabajo en equipo.

- El aprendizaje es recíproco.
- Se fomenta la intimidad.

El autor de un libro para varones consideraba que la comunicación es un factor crítico en un matrimonio positivo. Confío en que usted esté empezando a estar de acuerdo y determine ser un mejor comunicador con su esposa. ¿Por qué? Porque ...

> La forma en que nos comunicamos con nuestra esposa producirá buenas o malas consecuencias. Si nuestra comunicación es pobre, tendrá un efecto negativo en la relación de matrimonio. La comunicación es el vehículo utilizado para llevar a cabo muchas responsabilidades y aspectos relacionales del matrimonio. Sin ella un esposo no puede liderar adecuadamente, ni comunicar amor con eficacia. No se pueden tratar los problemas ni resolver los conflictos.[6]

¡Caso cerrado! ¡Tenemos que aprender a comunicarnos mejor!

Detalles que transforman

1. Elija escuchar.

Escuchar es un acto de amor. Cuando escucha a su esposa, le está comunicando de forma no verbal que ella es una persona importante para usted. Usted la valora al apreciar lo que dice. Dios le ha dado a usted dos oídos, ¡lo cual debería indicarle algo acerca de la importancia de escuchar! Sus oídos son el más importante instrumento de comunicación. Así que elija escuchar.

2. Hable de lo que le interesa a su esposa.

La comunicación no es una calle de dirección única. Si quiere que su esposa le escuche y hable de lo que usted considera importante, entonces empiece por conversar sobre lo que le interesa e importa a ella. ¿Qué es lo que le interesa? Esfuércese en conocer qué tipo de libros le gusta leer, cuáles son sus aficiones y sus talentos para el ministerio. Dé entonces el siguiente paso y prepárese para hablar con ella sobre lo que le interesa. (¡Entonces puede estar seguro de que será todo oídos cuando usted quiera hablar del gran partido del sábado!)

3. Observe la comunicación no verbal de su esposa.

La comunicación no consiste tanto en lo que usted dice como en lo que *no* dice. Tiene que ser sensible a las maneras de su esposa. Al igual que usted, ella se cansa. Vive con muchas tensiones. Se queda atrás. Así que para no decir lo que no debe y no dañar sus sentimientos de ninguna manera, busque esos indicios no verbales que le dicen que guarde algo de comunicación verbal para después. Pero si es demasiado tarde y ya ha soltado usted lo que no debía —o lo que debía, pero en mal momento— con decir "lo siento" puede seguir adelante.

4. Piense temas de conversación.

Si su esposa es como la mayoría, entonces estará cansada de ser la que empieza las conversaciones. Es hora de que traiga usted temas de conversación. Los vendedores lo hacen siempre antes de visitar a un cliente. ¿Por qué no hace un esfuerzo parecido en su casa? Comunicarse bien no cuesta más que un pequeño pensamiento y mucha atención. De camino a casa desde el trabajo, haga una lista mental de temas, cosas de actualidad, cuestiones espirituales, cualquier cosa. Entonces estará listo para iniciar una conversación al llegar a casa, o cuando lleve a su esposa a una cita. Se sentirá aliviada de no tener que esforzarse tanto para hacerle hablar. Por qué, usted puede acabar hablando tanto que ella no podrá intervenir y eso la emocionará.

5. Preste atención a sus modales con su esposa.

- Nunca la interrumpa cuando habla con usted o con otra persona.

- Nunca la humille ni la haga sentirse poca cosa frente a otros, especialmente sus hijos. Acostúmbrese a esto haya o no gente delante.

- Nunca la critique ni corrija en público, ni en broma. Un marido cristiano se guarda de ridiculizar a otros, especialmente a su esposa (Stg. 4:11), cuídese del humor deshonroso (Ef. 5:4), y guárdese del sarcasmo (Pr. 26:24-25).

- Dedíquele siempre cumplidos en presencia de otros, especialmente sus hijos.

- Nunca evoque faltas del pasado. Dios ha perdonado a su esposa, y usted también debería hacerlo.

6. Identifique los modelos de habla que debe cambiar.

Esta "pequeña cosa" se refiere a hábitos y maneras personales en el habla: *cómo* dice usted *lo que* dice. ¿Tiende a alzar la voz cuando se comunica con su esposa? ¿Habla con un tono airado? ¿Se comunica usted como un sargento?

4

Deleitarse en la intimidad

Dejará el hombre a su padre y a su madre,
y se unirá a su mujer, y serán una sola carne.
GÉNESIS 2:24

Hace unos meses estuve impartiendo un taller en una conferencia de pastores titulada "¿Cómo ser el esposo de la esposa feliz de un pastor?" En mi charla mostré una serie de formas en que un hombre puede cultivar una más significativa relación con su esposa. En un momento de la conferencia, abrí la reunión a la participación de los presentes. ¡Resultó de veras sorprendente cómo la mayoría de las preguntas tenían que ver con la intimidad sexual! Francamente, no estaba en absoluto preparado para las preguntas sobre sexo que empezaron a surgir. Respondí sus preguntas, pero mi mensaje para esos hombres no tenía nada que ver con el tema. ¡Su línea de preguntas era como una pelota lanzada con efecto!

Con el recuerdo de este taller en mi mente, llego a este capítulo de nuestro libro y puedo declarar confiadamente que la intimidad en el matrimonio es una cuestión que es prácticamente obligatoria a tratar. Es importante tener una perspectiva correcta sobre este aspecto de nuestra vida si queremos ser un esposo conforme al corazón de Dios.

Creado para la intimidad

¿Cómo definiría la intimidad? Si se parece usted a la mayoría de los hombres (incluyéndome a mí mismo) probablemente defina intimidad como relación sexual o hacer el amor. Bueno, tendría por lo menos razón *en parte*. Dios incluyó la unión física como una parte del matrimonio, como vemos en las Escrituras: "dejará el hombre a su padre y a su madre, y se unirá a su mujer, y serán una sola carne" (Gn. 2:24).

Pero la intimidad en la pareja puede y debe ser mucho más que la meramente sexual, con todo lo importante que es. En este punto la mayor parte de los hombres, en un estado de agudo desconcierto, preguntarán, "Y bien... ¿qué más intimidad hay aparte de la sexual?" Insisto, aunque esta es importante, solo es una parte de la intimidad. Veamos ahora algunos otros aspectos de la intimidad que se conjugan en la realización de un matrimonio más satisfactorio..

La intimidad es una entrañable amistad. ¿Tuvo usted un amigo allegado en la escuela o un compañero de trabajo de mucho tiempo, que era tan cercano a usted que podían hablar de cualquier cosa? Esa es la clase de intimidad que debería tener con su esposa, porque la intimidad incluye la amistad. Tal vez ya disfrute este tipo de amistad íntima con su amada. Si es así ¿verdad que es algo grande? Y seguramente sabe también que no es algo que se pueda dar por sentado, que tiene que continuar alimentando esa especial cercanía con su más íntima amiga, su esposa.

Pero tal vez no tenga en este momento de su matrimonio esa clase de íntima amistad con su esposa. Puede que hayan sido grandes amigos en otro tiempo, pero con los ajetreos de la vida su amistad se ha desvanecido. Muchos matrimonios pasan por esos periodos de "sequía". Pero esa racha de aridez no tiene por qué prolongarse. ¿Desea recuperar a esa amiga que tuvo usted una vez en su esposa? No puedo imaginar que no lo desee. Pues bien, ¡hay esperanza! Siga leyendo y pida a Dios que desarrolle en usted un corazón de amigo, que en un futuro no remoto su esposa pueda decir de su relación con usted, "Tal es mi amado, tal es mi amigo" (Cnt. 5:16).

Mientras escribo esto, me está viniendo otro pensamiento que no puedo resistirme a contar. Estoy pensando que este tipo de amistad íntima es también lo que habríamos de desear tener con Dios. Necesitamos tener esa relación entrañable con Dios a través de nuestro Señor Jesucristo, como Abraham en la antigüedad, también somos "amigo de Dios" (Stg. 2:23). ¡Eso, amigo mío, es la intimidad en su grado máximo!

Pero ahora volvamos a su matrimonio...

La intimidad es un estado anímico. Podemos llamarlo incluso un sentimiento, una actitud, un estado mental. El estado anímico de la intimidad se expresa normalmente en un lugar. Puede ser cualquier parte, cualquier sitio en el que su esposa y usted puedan centrar su atención exclusivamente el uno en el otro. Puede ser la mesa del comedor, donde usted y su amada disfrutan juntos una tranquila cena cuando los niños ya están acostados; un rincón en su restaurante favorito, donde gozan de la compañía mutua y de una eterna taza de café; una alameda, una playa o un parque donde saborean juntos un largo paseo al atardecer.

Espero que pueda usted ver por qué la construcción de una amistad con su esposa puede animar esta actitud o estado anímico de intimidad. Personalmente, siempre me preocupo ante parejas que nunca quieren o no parecen querer estar a solas. Están constantemente haciendo cosas con otros. Cenas, juegos, conciertos, salidas, hasta vacaciones, siempre las disfrutan en un contexto de grupo.

Pero la intimidad es algo privado, compartido en la privacidad, desarrollado privadamente. Es un estado de ánimo que les impulsa a estar juntos emocionalmente. Una disposición de ánimo así fue la que propició el deseo de intimidad en el primer lugar. Su meta es crecer hasta el lugar en que, no importa dónde estén, su íntima amistad les haga sentir como si ustedes dos fueran los únicos. Si desea usted este tipo de intimidad, entonces tiene que empezar a construir, o continuar haciéndolo, una relación "de mejor amigo" con su esposa. Entonces le garantizo que estarán constantemente pensando el uno en el otro, ¡y esperando con anhelo sus momentos de privacidad juntos!

La intimidad es comprensión. ¿Cómo consigue uno conocer y entender a otra persona? Pasando tiempo con ella. Cuanto más conozca de su esposa como persona, sus pensamientos y sus sueños, más íntima será su comprensión de ella. Elizabeth y yo llevamos casados mucho tiempo (vamos a ver... ¿son ya 37...o 38 años?). Pasar tantos años junto a otra persona le da a uno una comprensión bastante buena de su vida interior, y creo que puedo decir con toda certeza que en nuestro caso es así. Pero también puedo decir sin temor a equivocarme que a lo largo de los años asegurarnos de permanecer unidos ha representado para nosotros una constante lucha porque, como toda pareja, ambos hemos estado creciendo, madurando y cambiando.

Desgraciadamente, no ocurre lo mismo en muchas parejas. No han intentado mantenerse involucrados en la vida del otro, para continuar aprendiendo sobre su cónyuge. Y sé, puesto que he realizado mucho asesoramiento matrimonial durante décadas como pastor, que un nivel más profundo de intimidad puede haber estado presente al principio del matrimonio pero, lentamente, con el tiempo y el curso de las ocupaciones de la vida, y debido a una negligencia involuntaria, esa íntima comunión se ha perdido. Treinta o cuarenta años después el resultado es un matrimonio formado por extraños que viven bajo un mismo techo, con muy poco en común. Esas son las parejas que puede usted ver en un restaurante consumiendo toda su comida en completo silencio. ¡Qué triste escena! Y cuánto más trágica si sabemos que este alejamiento podría haberse evi-

> Todo buen matrimonio tiene que ser una amistad entre dos personas dispuestas a sacrificarse la una por la otra.

tado. Así que, por favor, no deje que la vida y sus distracciones les impidan, a usted y al amor de su vida, refrescar continuamente —a diario— su conocimiento mutuo con el crecimiento y desarrollo de cada uno. Con toda seguridad, esta clase de entendimiento íntimo dará alas al género final de intimidad en su matrimonio: la intimidad sexual.

La intimidad es una estrecha relación física. Hemos estado hablando de la intimidad creada mediante el desarrollo de una profunda amistad con su esposa. Todo buen matrimonio tiene que ser amistad entre dos personas que están dispuestas a sacrificarse la una por la otra. Usted como esposo tiene que pensar tanto en su esposa como piensa en un amigo. Tiene que tener tanto interés en ella como el que se profesan dos mejores amigos.

Pero el matrimonio es más que ser meramente buenos amigos. ¡Mucho más! Unos muchachos pueden ser amigos, como unas hermanas, o dos mujeres, o un grupo de ellas. Pero en todo buen matrimonio la amistad entre esposos sigue un paso importantísimo más allá para desembocar en una intensa unión física, para alimentar una íntima relación física que satisface a cada uno sexualmente, para disfrutar el uno del otro como si fuesen recién casados.

¿Cómo exactamente puede usted mantener encendida esta íntima pasión durante toda la vida del matrimonio? Reitero lo dicho, todo comienza con el combustible de una fiel amistad, respeto mutuo y clara comunicación. Y ahora, añadimos que también requiere un compromiso decisivo por vigilar atentamente el fuego de la intimidad sexual, alimentarlo, reanimarlo, hacer lo que sea para mantenerlo encendido... ¡incluso si eso supone tener que ir al centro comercial! (Una vez oí decir a un predicador, "si quiere sexo con su esposa, tiene que estar dispuesto a ir al centro comercial con ella!")

Creados diferentes

Dios creó al hombre y la mujer a su imagen, y ambos ostentan la impronta creadora de un Dios todopoderoso (Gn. 1:27). Además, los hombres y mujeres cristianos son vistos como espiritualmente semejantes, como uno en Cristo (Gá. 3:28). Pero cuando llegamos a la anatomía y a la fisiología, Dios, en su gran sabiduría y con sus propias buenas razones, formó diferentes al hombre y a la mujer. Parte de dicha diferencia se debe a los diferentes roles que hombres y mujeres han de desempeñar en el matrimonio. El del hombre es proveer, el de la mujer es alimentar. El hombre ha de proporcionar una guía fuerte y protectora; la mujer ha de sostener y mantener la vida y el sustento.

A donde quiero ir a parar es a que los múltiples problemas y cuestiones que se originan en nuestras diferencias físicas también se extienden a la intimidad sexual. Por eso tienen tantas preguntas mis amigos pastores. Los hombres y las mujeres piensan y actúan de manera diferente en muchos asuntos, incluido el sexo.

Mi opinión personal en cuanto a por qué la intimidad sexual es tal problema para las parejas casadas es que uno de los dos cónyuges no consigue entender, o considerar seriamente, o rechaza aceptar que existen esas diferencias. Esta falta de entendimiento conduce a un razonamiento defectuoso como, *Mi esposa debería responder de la misma forma que yo en nuestra relación sexual.* Entonces, cuando no lo hace, nos preguntamos, *¿Qué le pasa?*... y...bueno, ya sabe usted el resto. Así que, insisto, tómese tiempo para comprender mejor a su esposa y las diferencias varón / mujer. ¡Eso cambiará mucho las cosas! Sé que ya hemos considerado este versículo antes, pero nos recuerda nuevamente lo que significa ser un esposo conforme al corazón de Dios:

> Vosotros, maridos, igualmente, vivid con ellas sabiamente, dando honor a la mujer como a vaso más frágil, y como a coherederas de la gracia de la vida (1 P. 3:7).

Tal como enseña el texto, la esposa es "vaso más frágil". Esto señala concretamente a sus capacidades físicas. Hablando en general, las mujeres poseen menos brío, menos fuerza física y energía que los hombres. Y usted, como esposo que desea vivir con ella "de manera comprensiva", tiene que interesarse lo suficiente para descubrir cómo puede dar honor a las diferencias que hay entre usted y su esposa. Necesita aprender cómo vivir con esas diferencias y cómo amar y aceptar cada una de ellas. La intimidad en todos los niveles, y especialmente en el físico, empieza comprendiendo que usted y su esposa son diferentes. Entonces, el próximo paso será aplicar las siguientes pautas para un mayor disfrute de la intimidad.

> El verdadero amor bíblico es un compromiso desinteresado del propio cuerpo, alma y espíritu para procurar lo mejor a la otra persona.

Para construir la intimidad

La intimidad, para una pareja cristiana, no es algo que simplemente ocurre. Como hemos visto, posee múltiples facetas y consta de múltiples capas. Es una ardua tarea. La caída del hombre y nuestra resultante naturaleza pecaminosa nos ha dejado defectuosos, con temores, amargura y egoísmo. Por tanto, tenemos que buscar la ayuda de Dios si queremos gozar de una intimidad verdadera y satisfactoria en nuestros matrimonios. La intimidad al estilo de Dios requiere que usted...

Se asegure de ofrecer a su esposa un amor bíblico. No puede usted cambiar los pensamientos del mundo en cuanto al "amor". Para el mundo, el amor es sentimientos románticos, atracción física, deseo y sexo. Pero para un varón cristiano, un esposo conforme al corazón de Dios, el amor es diferente. Tenemos que mostrar un amor de carácter bíblico. ¿Qué hace que al amor bíblico sea diferente? Un asesor matrimonial define el amor bíblico de esta manera:

> Un desinteresado y sufrido compromiso de la voluntad para interesarse por y favorecer a otra persona con rectos, sinceros y caritativos pensamientos, palabras y acciones.[7]

El verdadero amor bíblico es un compromiso desinteresado del propio cuerpo, alma y espíritu para procurar lo mejor a la otra persona. Es un amor con hechos, no meras palabras. Y este es, esposo, el tipo de amor que tenemos que ofrecer a nuestras esposas. Si de una forma constante y repetida demuestra usted su amor con sus palabras y acciones, llegará la intimidad que Dios diseñó. Ninguna esposa en su sano juicio puede resistirse a un esposo que da esta clase de amor, el amor de Cristo (Ef. 5:25). Ella compartirá libremente todo con un esposo cuya meta principal en la vida es amarla con espíritu de sacrificio, como Cristo amó a la iglesia.

Haga un pacto con sus ojos. Un pacto es un compromiso serio que un hombre conforme al corazón de Dios hace con Él. Y es lo que se necesita si hemos de mantenernos puros para nuestras esposas. Job hizo exactamente eso cuando dijo, "Hice pacto con mis ojos; ¿Cómo, pues, había yo de mirar a una virgen?" (Job 31:1).

No es un secreto que los hombres pueden ser estimulados sexualmente con solo mirar a una mujer. Por eso es importante que vigilemos "la puerta del ojo". Ni usted ni yo estamos en absoluto planeando cometer adulterio con nuestro cuerpo, pero... puede que lo estemos cometiendo con nuestros ojos. Jesús habló sobre divagar con la mente o mirar con deseo a cualquier mujer que no sea nuestra esposa en Mateo 5:27, cuando dijo: "cualquiera que mira a una mujer para codiciarla, ya adulteró con ella en su corazón". Como señaló un erudito,

> Jesús indicó que el pecado [de adulterio] descrito en Éxodo 20:14 se enraíza a más profundidad que el hecho palpable. "Cualquiera que mira" representa al hombre sin una santa restricción a sus miradas, que forma el impuro propósito de los deseos que hay tras ellas. El acto se producirá cuando llegue la ocasión.[8]

Amigo, dése cuenta de que la intimidad significa pureza mutua. Su esposa tiene que mantenerse pura para usted. Y Dios le pide a usted que haga lo mismo por ella... y la pureza comienza con sus ojos. Así que... ¡haga un pacto con sus ojos!

El cuerpo de su esposa ha de ser su modelo. Nos guste o no, usted y yo somos producto de nuestra cultura *y* de la caída. Estamos afectados por la sociedad obsesionada por el sexo en que vivimos. Mucho de lo que vemos se relaciona con el sexo. "El sexo vende" es el lema de Madison Avenue. Como resultado, llegamos a ver a las mujeres de los anuncios televisivos, a las "chicas de portada" de las revistas del mostrador de caja, o a las exquisitamente vestidas mujeres de la oficina como "el estándar" para la mujer. Entonces llegamos a casa para encontrarnos con una esposa que ha tenido dos pequeñitos colgando de ella todo el día. No ha tenido un minuto para sí misma, mucho menos para cambiarse la sudadera que vestía esta mañana cuando uno se fue al trabajo. Al considerarla y ver que no está a la altura de nuestra "fantasía", podemos estar tentados a sentirnos descontentos. Ese es el momento en que debe usted mirar a Dios y pedirle ayuda para resistir la tentación de ser "desleales para con la mujer de vuestra juventud" (Mal. 2:15).

Esposo, ¡Dios dice que *su esposa* ha de ser su modelo de belleza! "Siendo *ella* tu compañera, y la mujer de tu pacto" (v. 14). ¿Recuerda sus votos matrimoniales? Probablemente decían algo así como esto: "En la salud y en la enfermedad, en lo bueno y en lo malo, hasta que la muerte nos separe". En sus votos matrimoniales, ante Dios y ante su novia, usted puso a su esposa como su único y exclusivo estándar. De modo que al recordar y renovar diariamente esos votos, usted se asegurará que su modelo sea su esposa, no cualquier "modelo de fantasía". Ella tiene el cuerpo perfecto. Ella posee el único cuerpo que Dios dice que usted tiene para gozar. Dios nos advierte y amonesta a los esposos con estas palabras:

> Bebe el agua de tu misma cisterna, y los raudales de tu propio pozo... Sea bendito tu manantial, y alégrate con la mujer de tu juventud...Sus caricias te satisfagan en todo tiempo, Y en su amor recréate siempre (Pr. 5:15, 18–19).

¿Cómo está su corazón?

En este momento creo que necesitamos un examen de corazón, o de matrimonio. No voy a pronunciar la pregunta obvia —¿Cómo le va en el Departamento de intimidad?— porque si usted es como mis amigos pastores, hay áreas y cuestiones que precisan algo de trabajo. Pero no se desanime. Su matrimonio no es diferente al mío o al de todos los tipos que conoce. Ningún matrimonio es totalmente lo que debería ser. ¿Por qué? Porque ni usted ni yo somos todo lo que deberíamos en nuestro crecimiento espiritual y madurez. ¡Y ese es el desafío!

Su matrimonio, como el mío y el de otros, siempre necesita "ajustarse mejor". La gente cambia. Los cónyuges cambian. La estructura de la familia cambia. Y el matrimonio tiene que adaptarse a los cambios que están sucediendo en las dos personas que configuran el matrimonio. Su capacidad para adaptarse a las épocas y etapas del matrimonio asegurará que la intimidad en toda su gloria esté siempre ahí. Pida a Dios que abra su corazón para cambiar lo que necesita en su vida de modo que anime y mejore la intimidad con su esposa.

¿Ha notado que no he dicho nada sobre su esposa? Debería decir que en la mayoría de los matrimonios es la esposa la que espera y ora por un mayor amor y sensibilidad por parte de su esposo. Incluso si hay problemas que solo ella puede cambiar, el hecho es que Dios nos llama a cambiarnos nosotros mismos y somos directamente responsables ante Él por hacer lo correcto en nuestra relación de matrimonio. La Escritura nunca nos llama a intentar cambiar a nuestra esposa. Así que ¿qué le parece si da un primer paso, o algunos más, para mostrar más amor e interés?

Ahora bien, tengo que avisarle que puede usted encontrar a su esposa un poco escéptica y desconfiada al principio. Esto será así si ha habido casos de insensibilidad por parte de usted. Pero ella responderá más que gustosa (¡El Señor lo quiera!) a sus esfuerzos motivados en Dios. Entonces podrán seguir los dos caminando la senda del matrimonio que honra a Dios y les proporciona a ambos toda la intimidad que cada uno desea y puede experimentar. Suena fabuloso ¿verdad? Así tiene que sonar porque es lo que Dios se propuso cuando creó al hombre y a la mujer para disfrutar la intimidad, para ser "una sola carne" (Gn. 2:24).

Detalles que transforman

1. Hablen abiertamente de sexo.

Conforme pasan los años en un matrimonio, la "novedad" del sexo puede empezar a desgastarse y las presiones de la vida pueden empezar a levantarse hasta que la intimidad parece menguar como impulso. Pero toda pareja tiene que ser cuidadosa, porque la necesidad de intimidad sigue estando presente, como muestra la investigación de un asesor matrimonial. Este da cuenta de que una y otra vez los esposos de todas las edades han expresado que "la satisfacción sexual" era el número uno en su lista de cinco "necesidades más básicas".[9] Mientras que al preguntar lo mismo a sus esposas, ¡el sexo no aparecía en la lista de cinco primeras!

Esto quiere decir que va a tener usted que hablar abiertamente con su esposa acerca de las necesidades presentes en el Departamento de Satisfacción Sexual. En muchos casos las esposas no comprenden el impulso del sexo masculino y deducen que sus esposos son como ellas en lo referente a la frecuencia del apetito sexual. Así que la próxima vez que estén a solas y sea el momento adecuado, hablen acerca de programar un lugar concreto al sexo en sus apretados horarios. ¡Les hará bien la charla!

2. Vayan al mismo tiempo a la cama.

La intimidad sexual puede convertirse en un problema mayor si su esposa y usted se manejan con horarios diferentes. Por ejemplo, su trabajo puede requerir que trabaje usted turnos de tarde o noche. Sea cual sea el caso, realice un esfuerzo concertado para planificar con su esposa el ir juntos a la cama. Un pequeño detalle como irse a la cama al mismo tiempo puede suponer una gran diferencia en su vida sexual. La intimidad no viene sin más. El estar físicamente cerca produce sentimientos en ambos que no surgirían si uno de los dos estuviera todavía en el salón viendo la televisión, "navegando en Internet" o absorbido por los papeles de la oficina. No sabotee voluntariamente su vida sexual con distracciones de altas horas de la noche. Asegúrese de que satisfacen sus deseos sexuales mutuamente (1 Co. 7:3).

3. Cuide de sí mismo

La Biblia dice que "ni tampoco tiene el marido potestad sobre su propio cuerpo, sino la mujer" (1 Co. 7:4). Esto significa que su cuerpo no es de usted, ¡Es propiedad de su esposa! Por tanto, tiene usted que ser un buen administrador de los bienes de su esposa manteniendo su cuerpo en buena forma física, no por usted sino por ella. Si quiere que su esposa se sienta más atraída sexualmente por usted, cumpla con su parte. Un aseo adecuado es una pequeña cosa, pero cambia bastante la situación. Por ejemplo, ducharse después de un largo y pesado día en la oficina o en el camión.

Además, un poco de ejercicio siempre va bien. Tal vez tenga un trabajo que exige mucho ejercicio, pero si está sentado en su despacho todo el día, no está quemando muchas calorías. Si está un poco, o bastante, fuera de forma, apúntese a un gimnasio o consiga unas pesas y úselas siempre que pueda. Dé un paseo por las mañanas o las tardes con su esposa. No solo forjarán intimidad, sino que al caminar puede perder más de cinco kilos en un año sin haber cambiado de dieta. En el Departamento de hacer el amor no hace daño perder unos kilos.

4. No se demore en hacer las paces.

"No ir a la cama enojado" es un buen consejo para cualquier pareja. O, si lo prefiere en un lenguaje más fuerte, la Biblia dice, "no se ponga el sol sobre vuestro enojo" (Ef. 4:26). Las rencillas parecen enconarse y hacerse más desagradables si se las deja prolongarse. Restaure esa maravillosa relación con su esposa diciendo, "lo siento". ¡Piense simplemente en los buenos momentos de intimidad que le esperan cuando hayan hecho las paces!

5. Programen una salida.

Como ya he dicho repetidamente, cuesta mucho trabajo mantener la intimidad viva en su matrimonio, ¡pero vale la pena para disfrutar esta bendición provista por Dios! Una de las mejores maneras de mantener ardiendo el fuego de la pasión en los dos es hacer regularmente alguna escapada. Si quiere que su esposa responda ante usted físicamente, entonces tome la iniciativa. Encuentre un lugar no demasiado lejos ni demasiado caro. (Tendrá que repetir la experiencia, así que no se ponga en números rojos en la primera vez). Encuentre una persona que cuide de sus hijos o póngase de acuerdo con matrimonios amigos para intercambiar la responsabilidad de cuidar los niños de los otros. Sacar a su esposa de las distracciones de la casa, hijos, y multitud de otras cosas, da ocasión para un tiempo en que se centren en estar juntos. Una escapada rejuvenecerá su vida sexual y enriquecerá su matrimonio.

5

Administrar el dinero

Ahora bien, se requiere de los administradores, que cada uno sea hallado fiel.
1 Corintios 4:2

Mi papá era un padre estupendo en muchos sentidos, preocupado por enseñarme acerca de la vida y sus problemas. Cada día estoy particularmente agradecido por haberme educado bien en él área de la administración del dinero, especialmente en lo relativo a saber economizar. Hasta donde me llega la memoria, recuerdo que mi padre muchas veces me regalaba una proposición: "Pon lo que quieras en tu cuenta de ahorro, que yo lo igualo".

Incluso para un niño que recibía 25 centavos semanales de paga, eso sonaba a buen trato. Así, semana a semana, año tras año, vi a mi padre añadir el equivalente a mis exiguos ahorros. Mantener su propuesta nunca le costó demasiado, pero su sabiduría me enseñó uno de los hábitos más valiosos de la vida, el del ahorro. Este hábito está tan arraigado en mí que incluso hoy no puedo evitar aplicarlo a todo lo que en la vida que tiene que ver con el dinero (¡lo cual no deja mucho fuera!).

Esta historia sobre mi padre nos lleva a nosotros, esposos conforme al corazón de Dios, a nuestro siguiente papel esencial en la relación matrimonial: ser un sabio administrador del dinero.

Si preguntase a la mayoría de los asesores matrimoniales cuál es una de las principales, si no *la* principal, causa de conflicto en un matrimonio, creo que la mayoría diría que es el dinero, cómo se consigue, cómo y por quién se gasta. Por eso necesitamos, como esposos, asegurarnos que estamos aportando un fuerte liderazgo en nuestro matrimonio en el área de la administración del dinero. Esto significa también que podemos necesitar ejercitar un poco más de autocontrol en lo que se refiere a nuestro propio manejo del dinero. Por tanto, es importante comprender lo que dice la Biblia acerca del dinero y su administración con el propósito de servir como ejemplos de sabia mayordomía a nuestra esposa y familia.

El dinero tiene importancia ante Dios

¿Creería usted que el tema del dinero aparece con más frecuencia que muchos otros temas en la Palabra de Dios? Obviamente el dinero y su uso así como nuestras actitudes acerca del mismo importan para Dios. Ahora la pregunta es, ¿también es algo importante para usted? El conocido evangelista Billy Graham cree que nuestra actitud respecto al dinero es algo fundamental. Él propone:

> Si una persona tiene una actitud clara hacia el dinero, eso le ayudará a tener claras casi todas las otras áreas de su vida.[10]

Sí, ha leído bien. Tener una actitud bíblica correcta y una comprensión acerca del dinero y su uso afectará positivamente en muchas o casi todas las otras facetas de su vida, incluido su matrimonio. Consideremos ahora este importante tema e intentemos captar algo de la perspectiva de Dios acerca del dinero y su administración.

La administración del dinero es una cuestión espiritual

He oído decir que se puede decir la madurez espiritual de un hombre al mirar su chequera y el estado de su tarjeta de crédito. Bien ¿qué aspecto tiene usted? ¿Qué revelan esos indicios en cuanto a usted... y su madurez espiritual? ¿Qué vería otra persona si se le permitiera echar un vistazo a su talonario de cheques? ¿Verían cheques emitidos a misioneros, a su iglesia, a obras benéficas? ¿Cheques escritos para cubrir las necesidades de la vida, de su familia, de la educación de sus hijos? ¿O tendrían ante sus ojos una larga lista de cheques escritos para caprichos, excesos, frivolidades, diversiones... ya sabe, juguetes?

La administración del dinero es una cuestión de mayordomía

¿De quién es el dinero en primera instancia? Debemos entender que todo lo que poseemos —dinero, bienes, familia, ¡todo!— es un regalo de Dios y lo tenemos en calidad de préstamo suyo para nosotros. El salmista dijo: "Del SEÑOR es la tierra y todo lo que hay en ella; el mundo y los que en él habitan" (Sal. 24:1, BLA).

¿Cuál es entonces nuestro papel? Si Dios es el dueño

y nosotros los usuarios, entonces somos *mayordomos,* administradores, de lo que Dios nos ha dado. Y el apóstol Pablo dijo "se requiere de los administradores, que cada uno sea hallado fiel" (1 Co. 4:2). Amigo, ¿cuál es su grado de fidelidad como administrador de todo lo que Dios le ha confiado a su custodia? ¿Cómo administra y cuida de su esposa? ¿De sus hijos? ¿De su tiempo? ¿De sus talentos? ¿De su cuerpo? ¿De sus dones espirituales? ¿Y (el tema de este capítulo) de la obtención y empleo de su dinero? ¡Dios le ha bendecido con todo lo anterior! Ahora, califique su fiel administración de sus bendiciones.

La administración del dinero es una cuestión de contentamiento

Contentamiento, tema difícil en nuestra sociedad. Los anuncios de la televisión dicen: "Necesita este nuevo auto". El periódico contiene un anuncio comercial a toda página que ofrece un crucero de vacaciones a *Disneylandia* para toda la familia. ¿No sería divertido para todos? Podríamos tener un tiempo muy bueno como familia, acercarnos más entre nosotros, etc. El único problema es… ¿y si no tiene usted el dinero? Tendría que endeudarse para conseguir esas vacaciones de ensueño para usted y su familia.

> El contentamiento es una clave importante no solo para la buena administración del dinero, sino también para la salud espiritual y el bienestar de su familia.

Si no tiene dinero, cuenta con otras opciones. Por

ejemplo, tal vez este año puede llevar a su familia a una preciosa zona de acampada. O podría quedarse en casa y hacer pequeños recorridos por los alrededores cada día. En otras palabras, esté contento con la vida que le proporcionan sus medios. El contentamiento es un elemento clave en la administración de su dinero.

¿Recuerda el tiempo cuando era extremadamente difícil administrar los ingresos porque el mes era más largo que el dinero? Cada centavo... y cualquier moneda más(!), estaba de antemano comprometida. Quizás esto sea todavía así en su caso. Sé que tengo algunos recuerdos de ese tipo, especialmente de cuando Elizabeth y yo estábamos recién casados y éramos estudiantes, viviendo con unos 200 dólares al mes. Fueron tiempos difíciles.

Puede que para usted y su familia los tiempos duros hayan quedado ya atrás. Pero si no, puede que se deba a una falta de contentamiento. Nuestra naturaleza pecaminosa lucha contra el contentamiento y es propensa a los deseos de la vida. El apóstol Pablo contó que había *aprendido* a contentarse (Fil. 4:11), y nosotros también deberíamos. Si no aprende la lección del contentamiento, le será muy difícil administrar bien el dinero.

Aprender a estar contento con lo que Dios les da como familia le proporcionará gran libertad a usted como proveedor y a su esposa como coadministradora. Y, como premio añadido, sus hijos, observadores impresionables, verán la falacia del engaño de la sociedad según el cual las riquezas y las posesiones son un medio de felicidad. El contentamiento es, por tanto, una clave importante no solo para la administración del dinero, sino también para la salud espiritual y el bienestar de su familia.

La administración del dinero es una cuestión de dar

Dios no quiere ni necesita su dinero. ¿Por qué? ¡Porque la Biblia dice que Dios posee "los millares de animales en los collados" (Sal. 50:10)! Pero lo que Dios desea es una actitud desinteresada en su vida y en su manera de dar. En lo referente a dar "Dios ama al dador alegre" (2 Co. 9:7). Dios ama y bendice a quien da conforme a un corazón de amor, no según el tamaño de una cuenta bancaria. El famoso estadista misionero, J. Oswald Sanders, lo expresó así:

> La cuestión básica no es cuánto de nuestro dinero deberíamos dar a Dios, sino cuanto del dinero de Dios deberíamos quedarnos para nosotros.[11]

Así que la administración —la del dinero *de Dios*— debería empezar con seguir las pautas de Dios en cuanto a dar. Este concepto de dar voluntariamente puede resumirse al considerar el ejemplo de un grupo de cristianos que vivían en una región llamada Macedonia (actualmente en Grecia). Estos santos eran pobres y afligidos, pero ricos en amor y obediencia. Daban de forma desinteresada y generosa a Dios para las necesidades de otros (2 Co. 8:1–6). Aprendemos de sus corazones cómo deberíamos abordar el tema de la ofrenda.

1. *La ofrenda tiene que ser apropiada.* Los cristianos macedonios dieron "conforme a sus fuerzas" (2 Co. 8:3). Dios no fija porcentajes o sumas que tengamos que dar. Pero espera que demos *conforme a* como hemos sido prosperados, *conforme a* nuestras ganancias (1 Co. 16:2).

Este fue un concepto muy difícil de llevar a la práctica en mi matrimonio cuando Elizabeth y yo nos convertimos en una pareja cristiana. Yo tenía un trabajo bien pagado, y teníamos dinero suficiente para comprarnos muchos caprichos como una caravana, una motocicleta y cosas así. Habíamos prosperado, ¡pero estábamos gastando hasta el último céntimo en nosotros mismos! ¿Cómo íbamos a dar apropiadamente?

Reconocí que teníamos que empezar a decidir si daríamos dinero a Dios o continuaríamos usándolo para nuestros propios placeres. Fue una nueva lucha, pero con la ayuda de Dios elegí empezar a dar de vuelta a Dios. Dejamos de comer tanto. Dejamos de viajar tanto. Dejamos las cosas mundanas para dar conforme a lo que Dios nos había prosperado. Fue una dolorosa experiencia de aprendizaje porque, como usted sabe, ¡uno puede acostumbrarse a los excesos de "la buena vida"!

Ahora, déjeme decir rápidamente dos cosas. En primer lugar, no estoy pretendiendo ponerme como el patrón a seguir. No, Dios ha establecido el estándar mediante el ejemplo de los cristianos macedonios. Es nuestro gozo y privilegio seguir ese modelo. Y en segundo lugar, necesitaríamos otro libro entero para apenas empezar a contarles las abundantes bendiciones espirituales que nuestra familia ha recibido en la medida en que hemos ofrendado de nuestros recursos dados por Dios. Mi madre siempre me decía: "Es imposible sobrepasar a Dios en el dar", ¡y he visto que es verdad!

2. *La ofrenda debe ser sacrificial.* Los pobres macedonios dieron "conforme a sus fuerzas" (2 Co. 8:3).

Dieron apropiadamente. Pero también dieron "más allá de sus fuerzas" (v. 3), enseñándonos que nuestro "sacrificio acepto" es "agradable a Dios" (Fil. 4:18). Vuelvo a decir, para Elizabeth y para mí, ofrendar empezó siendo un sacrificio. ¿Por qué? Porque habíamos comenzado inicialmente con un presupuesto algo así como esto: Jim y Elizabeth 100%; Dios 0%. Como puede ver, nuestro estilo de vida hedonista no había presupuestado nada para Dios.

Tal vez no sea así en su caso… ¡eso espero! Puede que usted esté ya dando para la obra del Señor. Si es así, alabo su fiel obediencia. Pero tal vez necesite considerar en oración ofrendar más. La ofrenda es una parte de nuestra adoración a Dios, y dar sacrificialmente es una parte esencial de dicha adoración. ¿Ha bendecido Dios su vida? Sé que sí. Entonces ¿por qué no mostrar su amor y gratitud dando incluso con mayor sacrificio? No puede sobrepasar a Dios en el dar.

3. *La ofrenda tiene que ser voluntaria.* El cristianismo es una religión asombrosa. La salvación se nos ofrece gratuitamente a través de la gracia de Dios y no puede ser ganada (Ef. 2:8–9). Tampoco podemos comprar nuestra salvación porque ya ha sido comprada para nosotros mediante la muerte de Jesús (Ef. 1:7). Por eso, como los macedonios, tenemos que "dar con agrado" (2 Co. 8:3). Tenemos que dar voluntariamente, porque queremos dar. Tenemos que dar de manera voluntaria de un corazón que rebosa de amor y gratitud a nuestro Salvador, el Señor Jesucristo.

Como seguro que puede usted ver, la sabia administración de su dinero es una disciplina vital para usted y para mí como esposos. ¿Por qué? Repito, porque la forma en que usted administra el dinero de Dios —cómo se gasta y cómo se da— es un indicador de su madurez espiritual. Y el nivel de su madurez espiritual afectará de forma crítica a la madurez espiritual de su esposa e hijos. Ahora que hemos reafirmado esto, vamos a considerar algunas razones por las que el dinero y su administración deben ser importantes en su matrimonio.

El dinero importa en el matrimonio

Si el Dr. Billy Graham está en lo cierto respecto a la importancia de tener una actitud correcta hacia el dinero, entonces también es cierto que nuestra actitud hacia el dinero puede tener un efecto fundamental en nuestro matrimonio. Por desgracia, el mundo y nuestra naturaleza pecaminosa producen a menudo algunas actitudes más bien equivocadas en lo que respecta al dinero. Tales actitudes son las que frecuentemente crean tensión y conflicto en un matrimonio. Por ejemplo:

Codicia. Significa tener un fuerte deseo de poseer algo perteneciente a otra persona. La Biblia dice que su conducta debe ser "sin avaricia" y que debe estar "contento con lo que tiene ahora" (He. 13:5). (¡Aquí está otra vez el contentamiento!) Si usted y yo estamos contentos con lo que tenemos, no estaremos descontentos con lo que no tenemos.

Fíjese por ejemplo en la nueva embarcación de su vecino José, por ejemplo. Usted no debe desear su bote. ¿Por qué? Primero, porque es pecado desear la propiedad de otro. Y segundo, comprar una embarcación puede no ser una buena administración de su dinero. Yo vivo en el estado de Washington, y el chiste de moda es que los dos días más felices en la vida de un hombre son: primero, el día que se compra su yate, y segundo, el día que lo vende. ¿Y qué pasa entre el primer y el segundo momento? Otro dicho de Washington lo aclara: ¡tener un yate es como echar tu dinero con una pala en un agujero negro!

En definitiva, ¡no codicie el barco de José! Y recuerde, la cura de Dios para la codicia es el contentamiento.

Idolatría. Es poner algo o a alguien en el lugar de Dios. Cuando usted confía en el dinero tanto o más que en Dios, está incurriendo en idolatría. Pablo advierte a los ricos que no "pongan la esperanza en las riquezas, las cuales son inciertas, sino en Dios" (1 Ti. 6:17). Así pues, un hombre conforme al corazón de Dios confía en Dios. ¿Por qué? Porque Dios es el "que nos da todas las cosas en abundancia para que las disfrutemos" (v. 17). El dinero es un dios falso y, como dijo el apóstol Pablo, "raíz de todos los males es el amor al dinero" (v. 10). Al hacerse estas preguntas aflorará cualquier indicio de idolatría en su actitud acerca del dinero:

- ¿Piensa y se preocupa por el dinero con frecuencia?
- ¿Deja las prioridades familiares por ganar más dinero?
- ¿Pasa mucho de su tiempo preocupándose por sus cosas?
- ¿Le resulta difícil dar dinero para la obra de Dios?

Hermano, amar el dinero no puede hacer nada por usted. Y ese amor afectará seguramente a su relación con Dios. Jesús dijo, "Ninguno puede servir a dos señores; porque o aborrecerá al uno y amará al otro, o estimará al uno y menospreciará al otro. No podéis servir a Dios y a las riquezas" (Mt. 6:24). Servir al dinero solo puede traerle dolor a usted y a sus seres queridos. Así que, tenga o no tenga recursos, no codicie más dinero. Trabaje duro según sus posibilidades y confíe en que Dios proveerá para las necesidades de su familia. Ponga su fe y confianza en la única persona que puede ayudarle en este mundo y en el venidero, el Señor Jesucristo.

Mundanalidad. Es semejante al materialismo, y va un paso más allá para convertirse en un demasiado frívolo deseo de posesiones y placeres. Como cristianos estamos en este mundo pero no tenemos que ser consumidos con las cosas de este mundo (1 Jn. 2:15). Eso es mundanalidad. Somos meros transeúntes y peregrinos de paso por este mundo (1 P. 2:11). Somos ciudadanos del cielo (Fil. 3:20), y hemos de estar en anhelante espera del retorno de nuestro Rey. En lo referente a la mundanalidad, usted y yo podemos reconocer fácilmente cuando nos hemos vuelto mundanos porque junto a la mundanalidad suele venir un reguero de deudas. Pero en nuestra mundanalidad no siempre reconocemos las señales de peligro de las deudas. Compruebe estas señales de peligro y vea si alguna se aplica a la condición financiera de su familia.

> A Dios le importa la administración sabia del dinero... y a usted también debería importarle.

- Una amplia cuota —20 por ciento o más— de su sueldo se destina a pagar deudas.
- Sus pagos de deudas se están alargando para mucho tiempo.
- Está adquiriendo nuevas deudas antes de saldar las antiguas.
- Está endeudándose para pagar deudas.
- Está faltando con frecuencia a sus pagos.

Una solución segura para la mundanalidad es seguir la amonestación del apóstol Pablo, "Poned la mira en las cosas de arriba, no en las de la tierra" (Col. 3:2). Este consejo nos colocará en la dirección correcta, lejos de las trampas de la mundanalidad.

Me pregunto si ya puede ver por qué el dinero es una cuestión delicada para las parejas. Usted y su esposa llegaron al matrimonio con ciertos hábitos y disciplinas en cuanto al dinero que ahora tienen que convertirse en hábitos y disciplinas de *Dios*, los que hemos estado tratando en este capítulo. Así que, por favor, determine no ser un esposo con ojo codicioso, espíritu idólatra o actitud mundana. Como esposo según el corazón de Dios, tiene que tomar un rol activo en el liderazgo de su esposa y su familia en el área de la responsabilidad financiera. Administrar el dinero sabiamente es algo que le importa a Dios... y a usted también debería importarle.

Debería importarle la administración del dinero

Hasta ahora hemos considerado algunas verdades bastante serias y algunos hechos sobre el dinero. Una actitud apropiada hacia el dinero y la diligencia en la administración es una gran responsabilidad que tanto usted como yo deberíamos asumir como esposos. La administración del dinero no es responsabilidad de nuestra esposa. Desde luego, ella puede ayudar con la gestión de las facturas. Pero la administración del dinero es una función de liderazgo, nuestro liderazgo como esposos. Por tanto, usted y yo como hombres y como esposos tenemos que dar el paso decisivo de valor en lo que respecta a la economía de nuestro hogar. No basta con *conseguir* el dinero. También debemos *administrarlo* activamente.

Los que somos "administradores" en cualquier nivel de cualquier empresa sabemos que la administración no es siempre labor de una sola persona. Sabemos que no siempre necesitamos hacerlo todo personalmente. Podemos delegar algo del trabajo a otros. Pues bien, este mismo principio se aplica a la gestión del presupuesto doméstico. Ni usted ni yo tenemos que ser los únicos ocupados del dinero de la familia.

Así es como he aplicado este principio en mi matrimonio durante años. Mientras había dinero suficiente en nuestra cuenta bancaria como para que mi esposa Elizabeth pudiera pagar las facturas sin provocarse una úlcera por tener que decidir a quién podría pagar y quién tendría que esperar, yo recibía con agrado su ayuda con la contabilidad y los pagos. Pero durante esos "tiempos difíciles" del principio de nuestro matrimonio, los días de vacas flacas en que sí que había que tomar esas difíciles decisiones, entonces yo, como líder, las tomaba. Y espero que su esposa y usted estén obrando igual.

Ahora voy a hacer un último comentario antes de dejarlo. Sé que hay hombres que no quieren molestarse con los asuntos económicos, de manera que "delegan" esa responsabilidad en su esposa. Otros esposos racionalizan que su esposa es mejor con los números y las cuentas, pueden confiar todos los aspectos de la gestión económica a ella. Cristiano, lo quiera o no, aunque su esposa sea la mejor con las cuentas o los registros de gastos, no abdique de su puesto como líder en el área de la administración del dinero. Tome un mayor cargo de liderazgo en la economía de su familia. ¿Cómo?

- Mire a quienes pueden darle sabios consejos de economía
- Acepte su papel de liderazgo en la administración del dinero
- Acuda a seminarios o cursos sobre economía familiar
- Determine hacerse más sabio en su gestión del dinero
- Establezca las funciones que su esposa y usted desempeñan en asuntos de dinero
- Lea libros sobre administración del dinero.

Las ventanas del cielo

Esposo, espero que entienda ahora la importancia de la fidelidad en el área de la administración del dinero. Sí, requiere trabajo, ¡pero considere solo alguna de las muchas bendiciones que tendrá! Ser un fiel administrador del dinero de Dios produce que *Dios* sea glorificado. Su *esposa* será bendecida en la medida en que usted desarrolla el dominio propio en cuanto a las cosas de este mundo. Sus *hijos* serán bendecidos e influidos por su liderazgo en la economía. Y como resultado de su obediencia y mayordomía, tendrá la bendición añadida de ver a Dios, que le ha bendecido, usar su dinero para bendecir a *otros* a través de sus generosas ofrendas.

¡Se habla de "interés compuesto"! ¡Usted experimentará "bendiciones compuestas" al ser obediente al Señor en este aspecto de su vida y matrimonio! Dios nos desafía con esta invitación:

> "ponedme ahora a prueba en esto —dice el SEÑOR de los ejércitos— si no os abriré las ventanas del cielo, y derramaré para vosotros bendición hasta que sobreabunde" (Mal. 3:10, BLA).

¡Hombre! ¡Oh hombre! ¡De *esto* es de lo que quiero formar parte! ¿Y usted?

Detalles que transforman

1. Dé a Dios primero.

En el Antiguo Testamento, el pueblo de Dios tenía el mandamiento de ofrecer la primera porción de sus cosechas a Dios como tributo a su abundante provisión. En el Nuevo Testamento, también, tenemos que dar conforme a cómo hemos "prosperado" (1 Co. 16:2). Pero el principio de "reservar lo primero" —las primicias— es una buena manera para usted y su esposa de reconocer su confianza en la provisión de Dios para usted y para su familia, no solo hoy sino también para el futuro. (Y, considerando la debilidad y egoísmo del ser humano, probablemente no habrá quedado nada que dar a Dios en las "sobras"!) Así que dé a Dios primero. Acto seguido confíe en que "poderoso es Dios para hacer que abunde en vosotros toda gracia, a fin de que, teniendo siempre en todas las cosas todo lo suficiente, abundéis para toda buena obra" (2 Co. 9:8).

2. Tenga un presupuesto.

La mayoría de los expertos financieros dice que el punto de partida para la administración del dinero es tener un presupuesto. Sin él, usted y su esposa comprarán seguramente cosas que no necesitan. Un plan de ahorro y control de gasto les marca los límites y define lo que es importante. Adquiera un manual de presupuesto doméstico y comience a seguir sus directrices. Pero la clave para un presupuesto es hacerlo junto con su esposa y estar de acuerdo en qué entra y qué no entra en el mismo. Entonces pueden compartir la responsabilidad, y celebrar y disfrutar los beneficios que comporta tener —y seguir— un presupuesto.

3. Ore en cuanto a las adquisiciones importantes.

Puesto que el dinero que usted ha de gestionar es realmente de Dios, ¿no debería consultarle a Él sobre la forma en que lo gasta? Espero que usted y su esposa hayan encomendado su presupuesto al Señor. Los dos han orado acerca de lo que debería incluirse en su plan monetario. Por tanto, si algo está en el presupuesto, no necesitan orar de nuevo por ello (aunque es una práctica recomendable). Este punto de orar por las adquisiciones importantes tiene que ver con las que no están presupuestadas. Su esposa y usted querrán preguntar a Dios cosas como, ¿en qué medida impactará esta compra en nuestro presupuesto? ¿Puede retrasarse la compra de un auto nuevo arreglando el "cacharro" solo una vez más? Esas son las oraciones y preguntas necesarias cuando se toman decisiones sobre compras importantes.

4. Organícese.

La economía es complicada, incluso con los ingresos más sencillos. Su esposa y usted deberían formar un sistema de organización de archivos para estar al tanto de los documentos importantes y los estados de cuentas. Consigan un archivador tipo acordeón con apartados para cada mes del año. Coloque entonces sus facturas en el mes correspondiente. Cuando las facturas estén pagadas, meta los recibos. Al final del año lo tendrá todo a mano en un sitio, lo que le irá bien para la gestión de los impuestos.

5. Declare un "día de ayuno" de gasto.

En los tiempos bíblicos, el ayuno era abstención de la comida, como práctica religiosa. Al no comer, los que ayunaban estaban desviando su interés de las cosas terrenales a las espirituales. De forma similar, cuando usted pone en práctica una abstención de dinero, permite que sus intereses se vuelvan de las cosas de la vida a "la cosa de la vida". Y, como beneficio añadido, pasarán un día juntos para dedicarse a su presupuesto. ¡Eso es estupendo! Así que tome el calendario, escoja un día y proclámelo "día de ayuno".

6. Haga una lista de gastos a recortar.

Su esposa y usted pueden darse cuenta de que su economía es un reflejo de su condición espiritual. ¿Acaso no es el dominio propio un fruto del espíritu (Gá. 5:23)? ¿No son ustedes administradores del dinero de Dios? Tengan o no bastante dinero, recortar sus gastos les devolverá algo de lo que necesitan. Para empezar, con su nuevo presupuesto delante, vean de qué pueden prescindir para vivir. Si tienen dinero suficiente, el recorte de gastos para dar más a Dios les ayudará a poner "la mira en las cosas de arriba, y no en las de la tierra" (Col. 3:2).

6

Mantener el hogar

Con sabiduría se edificará la casa,
Y con prudencia se afirmará;
Y con ciencia se llenarán las cámaras
De todo bien preciado y agradable.
PROVERBIOS 24:3–4

Hace casi 30 años visité por primera vez el inmenso país de la India, una visita que marcó mi vida para siempre. Desde entonces he realizado al menos 15 viajes más a ese país, y tengo que decir que es una tierra de gran opresión y oscuridad espiritual. Mi impresión es que parece que Satanás ha concentrado buena parte de su mal y su tiranía en ese país, convirtiéndolo en un lugar difícil para el ministerio.

Durante una de mis expediciones en la India, escuché acerca de un interesante pueblo. Ese lugar y su gente no eran diferentes a los otros miles de pueblos con sus gentes en el país. Los habitantes eran pobres y vivían en condiciones deplorables. Pero Dios había elegido ese lugar y su gente como un trofeo para sí, y los lugareños habían venido a Cristo prácticamente en masa. Dios había transformado sus almas y, como resultado, la gente empezó a transformar su entorno y sus hogares en algo hermoso.

¿Resultado? En medio de una región de opresión satánica y pobreza brutal, ese pueblo se convirtió en un hermoso y gozoso testimonio de la realidad de Cristo como "una ciudad asentada sobre un monte (que) no se puede esconder" porque su gente era "la luz del mundo" (Mt. 5:14). La diferencia entre cristianismo e hinduismo era mucho más evidente por la forma en que esta población de creyentes en Cristo se presentaba en lo visible al mundo expectante.

Mientras escuchaba esta historia sentado en el duro banco de un tren que se movía ruidosamente por la India, mis pensamientos me llevaron de vuelta a mi hogar en América. Me pregunté: *¿Se evidencia la diferencia entre mi religión y la religión (o ausencia de ella) de mis vecinos en la forma en que mi hogar se presenta ante sus ojos expectantes? ¿Cuido y me enorgullezco de mi hogar y de sus miembros de tal manera que otros puedan verlos como un testimonio luminoso y brillante de lo que creo?*

Ni que decir tiene que volví a casa con una nueva visión y perspectiva acerca de mi hogar y de lo que puede representar.

La perspectiva de Dios sobre el hogar

Sí, recibí una llamada para despertar en aquel tiempo lejano en lo referente a cómo mantener mi hogar. La historia de ese pueblo realmente me hizo pensar en el cuidado de mi propio hogar. Si es usted un esposo que desea entender la importancia de su hogar como un lugar de refugio y de testimonio, siga leyendo. Este capítulo añade a nuestra creciente lista de cosas esenciales que un esposo según el corazón de Dios debe considerar y llevar a la práctica en su matrimonio. Veamos en primer lugar nuestro hogar desde la perspectiva de Dios.

El hogar se construye con sabiduría. La sabiduría se define como la aplicación del conocimiento. Y, en ocasiones, la sabiduría es solo sentido común. Pero en cualquier aspecto al que nos refiramos, tanto usted como yo necesitamos desesperadamente sabiduría si hemos de ser los esposos que Dios quiere. Hay muchas decisiones que tomar cuando conducimos una familia. Y, hermano, ¡cada una de ellas tiene que hacerse con sabiduría! Como dice Proverbios, "Con sabiduría se edifica una casa, y con prudencia se afianza; con conocimiento se llenan las cámaras de todo bien preciado y deseable" (24:3–4).

> No hay mayor tesoro que un esposo... que actúa conforme a la piedad ante su esposa y sus hijos cada día.

Nuestra respuesta inmediata a esta verdad divinamente inspirada debería ser "¡Me apunto! ¿Dónde se consigue esta sabiduría?" Y la primera obvia respuesta es *en la Biblia*, la fuente final de la sabiduría. En la Biblia encontramos "todas las cosas que pertenecen a la vida y a la piedad" (2 P. 1:3). También obtenemos sabiduría en la oración. El apóstol Santiago escribió, "Y si alguno de vosotros tiene falta de sabiduría, pídala a Dios, el cual da a todos abundantemente y sin reproche, y le será dada" (Stg. 1:5). También podemos recibir sabiduría *de nuestra esposa*. Dios nos ha dado nuestras esposas para ayudarnos en la toma de decisiones. Es el axioma bíblico "mejor son dos que uno" del matrimonio (Ec. 4:9). Podemos además adquirir sabiduría *de hombres sabios*. Dios nos ha dado a usted y a mí hombres sabios en la iglesia para consultar sobre la marcha de nuestros hogares. Seamos esposos sabios y aprovechemos la "multitud de consejeros" que Dios ha provisto (Pr. 24:6).

El hogar se construye con piedad. "La piedad tiene que ver con tener la actitud y conducta apropiadas ante Dios en todo".[12] ¿No cree que este tipo de conducta piadosa en su casa puede honrar a Dios? ¿Y no cree que Dios puede bendecirle por desarrollar esta clase de conducta? De nuevo, en el libro de Proverbios, aprendemos que "en la casa del justo hay gran provisión" (15:6). No hay mayor tesoro que un esposo y padre deseoso de que la suya sea una "casa de justicia" y que actúa conforme a la piedad ante su esposa y sus hijos cada día.

Pero también existe la posibilidad opuesta, tal como sigue diciendo Proverbios 15:6, "pero turbación en las ganancias del impío". Amigo mío, ninguno de nosotros quiere turbación, problemas, así que escojamos conducir nuestros hogares de una manera piadosa. La elección es nuestra: ¿gran provisión o turbación? ¿Qué elige usted? ¿Escogerá el camino de Dios y procurará la justicia?

El hogar se construye con liderazgo. Cuando era un esposo joven, se me decía continuamente, "su hogar es el terreno de prueba para su liderazgo en la iglesia". La Biblia lo respalda con una afirmación en cuanto a las cualidades necesarias para un líder en la iglesia: "el que no sabe gobernar su propia casa, ¿cómo cuidará de la iglesia de Dios?" (1 Ti. 3:5).

Aspire o no a un puesto de liderazgo en la iglesia, Dios le pide que lidere a su familia. Desde el mismo día que Dios creó al hombre, diseñó que el varón dirigiese a la familia. Piense en esto: cuando no cumple con su papel de líder en el hogar, está usted funcionando fuera de la voluntad de Dios. Y creo que coincidirá conmigo en que... ¡eso no es nada bueno para usted ni su familia! Si no se encuentra usted donde tiene que estar en esta responsabilidad vital de conducir su hogar, pida ayuda a Dios. Busque también la ayuda de otros hombres que puedan discipularlo en su importantísima tarea de liderar su hogar. Decida ser más obediente al plan de Dios para usted de guiar su hogar.

El hogar se construye con dedicación. Hemos hablado antes del cuidado *espiritual* que usted y yo, como esposos piadosos, tenemos que tener por nuestras familias y hogares. Amigo, ¡este ha de ser el punto de partida! Nuestro carácter espiritual es la piedra fundamental para un hogar construido sobre la sabiduría y dará honra a Dios y dejará un legado de piedad. Además hay otra responsabilidad que creo que Dios nos pide como esposos, el cuidado físico de la casa, hogar o vivienda. Tenemos que ser diligentes en mantener nuestros hogares en buena condición material (véase Pr. 24:3).

Imagine alguien que va por un camino y al observar

una viña ve este cuadro: "he aquí que por toda ella habían crecido los espinos, Ortigas habían ya cubierto su faz, Y su cerca de piedra estaba ya destruida" (Pr. 24:31). ¿Cómo evaluó el escritor al propietario? Era un hombre "perezoso... falto de entendimiento" (v. 30). Hermano, así como esa viña era un reflejo de su dueño, su hogar refleja qué clase de persona es usted...

...lo que me hace volver a mi historia sobre ese pueblecito de la India. Los lugareños mostraban su transformación *espiritual* mediante la transformación *física* de sus hogares en sencillos lugares de limpieza, cuidado y belleza. No tenían mucho dinero, pero hicieron lo que pudieron, y la diferencia se mostró clara y patente. Tampoco nosotros necesitamos mucho dinero. No hablo de gastar grandes sumas en su vivienda o tener la casa más cara de su urbanización. No, de lo que hablo es de emplear grandes cantidades de tiempo y esfuerzo para mantener su hogar con buen aspecto y óptimo funcionamiento.

¿Quiere que sus vecinos hablen bien de usted y de su Dios? Pues tómese 30 minutos y vaya a cortar el césped ¿Quiere que sus hijos se eduquen con aprecio por el hogar y su mantenimiento? Pues déjeles ayudarle en sus trabajos caseros. (¡En los años venideros su esposa se levantará y le bendecirá!)

Hay más —*mucho* más— que decir de la perspectiva de Dios sobre el hogar y todo lo que representa. Pero espero que lo que he mostrado llegue a ser un buen trampolín para entrar en acción y hacer lo que sea necesario para el mantenimiento de su casa. ¡Eso es lo que corresponde a un esposo conforme al corazón de Dios!

El papel de esposo en el hogar

A menudo acompaño a mi esposa a sus seminarios para mujeres. No hace falta decir que tengo muchas oportunidades durante esos eventos para hablar a las señoras y escuchar como derraman sus corazones mostrando sus deseos de ser esposas y madres piadosas. Pero muchas veces expresan un tremendo problema: un esposo en casa que no cumple con su parte de arrimar el hombro en las cargas ni en la administración del hogar. En muchos casos esas pobres mujeres sienten que sus esposos podrían —y deberían— hacer mucho más para ayudar en las cosas de casa.

Después de escuchar a estas esposas y las luchas que cuentan, he descubierto que hay varias categorías de esposos. Mientras lee la lista siguiente, vea si se reconoce en ella. Vea también cómo asegurarse de estar cumpliendo su parte en las cosas de casa.

Trabajoadicto. Este es el marido que trabaja muchísimo. Sea por elección propia o por exigencias del trabajo, trabaja más de las 40 horas semanales normales. De hecho, incluso trae trabajo a casa cada noche. Después aún está el trayecto de una hora del trabajo a casa y viceversa. Se va de casa cuando todavía está oscuro, vuelve cuando ya es de noche. Así ¿cuándo va a cortar el césped, sacar la basura o realizar otras labores de mantenimiento en la casa? Son preguntas válidas.

Si este escenario le describe a usted, necesita encontrar soluciones alternativas para mantener su hogar. Por ejemplo, tal vez pueda contratar un jardinero, un peón de mantenimiento, un cuidador de piscinas. Si tienen hijos de cierta edad, tal vez podría enseñarles a ayudar en casa. Otra opción es ponerse de acuerdo con su esposa para realizar ella algunas de esas tareas de mantenimiento del patio, limpiar la piscina u otras cosas semejantes, a cambio del dinero que habría costado contratar esos servicios. Eso se podría convertir en su "Proyecto Proverbios 31". (Si no está seguro de lo que significa, pregunte a su esposa. ¡Ella sabrá de Proverbios 31!)

Finalmente, siempre está el sábado. Sé que está usted cansado y que había previsto disfrutar de un largo fin de semana. Pero el esposo al estilo de Dios *renuncia a* parte de sus actividades o descanso sabáticos y se obliga a entregarse y realizar algunos de esos rutinarios pero necesarios quehaceres así como los proyectos que llevan meses pendientes. Su esposa le amará por ello ¡y se sentirá aliviada de no tener que insistirle más! ¿A qué va a *renunciar* usted para hacer esto posible?

Peter Pan. Todos conocemos la historia de Peter Pan. Era eternamente niño. No tenía responsabilidades ni las quería. Por desgracia, hay muchos esposos así hoy en día. Tienen sus "juguetes" para entretenerse cada noche después del trabajo o los fines de semana, de modo que no hay tiempo para las tareas de casa. El esposo tipo Peter Pan suele ser deportista. El golf, la pesca, el fútbol… ¡diga un deporte, que él lo practica! Esto describe a muchos esposos. ¡Para ellos, cualquier excusa vale siempre que les mantenga lejos de asumir sus responsabilidades en el mantenimiento del hogar!

¿Qué pasa cuando un esposo es de esta categoría? Puesto que él no se hace cargo de nada, la esposa acaba tratándolo como a uno de los niños. Es esa mujer que dice, "tengo cuatro hijos, contando a mi esposo". Amigo, cuando usted se casó prometió dar guía y provisión para su esposa y cuidar de ella y de su hogar. Son obligaciones que comporta el matrimonio. Si es usted un esposo Peter Pan, ya es hora de que crezca y tome la responsabilidad de mantener el hogar.

Señor Poltrona. ¿Se acuerda del perezoso de la viña de Proverbios 24? Ése es el señor Poltrona. Tiene tiempo para ocuparse de la casa, pero es demasiado perezoso o se siente demasiado cansado para hacerlo. Escuche la descripción de la actividad de un esposo así en las cosas de la casa: "Como la puerta gira sobre sus quicios, Así el perezoso se vuelve en su cama. Mete el perezoso su mano en el plato; Se cansa de llevarla a su boca." (Pr. 26:14–15). Patético ¿no?

Ahora bien, quiero dar al señor Poltrona un pequeño relajo. Tiene un trabajo. Trabaja duro en él y "provee". Pero ahí está el problema. Es de los que aceptan la extendida falacia de que las obligaciones de un esposo están cumplidas al tener un trabajo y traer un sueldo a casa.

Amigo mío, cuando tanto usted como yo volvemos del trabajo es cuando empieza el trabajo *real*, el que permanece para la eternidad. Cuesta ser un esposo amante y concienciado. Cuesta mostrar a la esposa que la ama, no solo con palabras sino con las obras que lleva a cabo en las cosas de la casa. Esta ha sido una lección dura de aprender para mí, un comodón reformado. Deje que le explique.

La mayoría de las esposas recibe su mayor gozo y satisfacción en su hogar. "Hogar" representa seguridad, paz y un sentido de pertenencia. Por eso mismo su esposa está siempre quejándose de la casa, moviendo los muebles, arreglando las cosas. Por eso, cuando algo está estropeado y no puede arreglarlo, como una gotera en el tejado o un grifo que pierde, o un césped descuidado, su naturaleza llega a desestabilizarse. Ella necesita su "nido" en orden. ¡Tiene que acondicionarlo bien! Por tanto, si es usted un adicto al sofá, deje a un lado sus ambiciones personales, muestre amor a su esposa y tome la iniciativa en lo que se refiere a su parte en el mantenimiento del hogar. *Renuncie* a la poltrona y arregle o mantenga a punto... ¡lo que sea!

Profesor Mente Ausente. Lo crea o no, todavía andan por el planeta tipos de esos de mente absorta. Este esposo está preocupado por algo —¡o por nada!— y se olvida de todo. No es el trabajoadicto con el maletín en la mano. No es un Peter Pan con sus juguetes. No es un comodón con la butaca reclinada de perezoso. No, simplemente ha llegado a perderse en sus lecturas, estudios, trabajo o aficiones, toqueteando la computadora, o "investigando" cuestiones críticas de actualidad en Internet.

¡Oh, sí, este esposo está en casa! ¡Y está ocupado! Pero lo está con las prioridades erróneas. Está haciendo las cosas equivocadas. Sí, es importante leer, pero no en detrimento del mantenimiento del hogar. La solución de Dios para tal hombre y esposo es que sea como la hormiga. Dios le dice, "ve a la hormiga, oh perezoso, Mira sus caminos, y sé sabio... Prepara en el verano su comida, Y recoge en el tiempo de la siega su mantenimiento" (Pr. 6:6, 8).

¿Recuerda lo que dije antes sobre la "llamada para despertar" que recibí después de oír sobre esos lugareños de la India? Pues bien, yo era el profesor "mente ausente". Me pasaba las noches y los fines de semana estudiando. Mi tejado se caía. El jardín estaba descontrolado. La lista de descuidos seguía... sin mencionar la negligencia en cuanto a mi familia. Así que, si es usted de la categoría de esposo del profesor "mente ausente", como yo lo era, tiene que hacerse más semejante a la hormiga. Tiene que ocuparse en primer lugar de las prioridades que Dios le pone. Entonces, con el tiempo discrecional que haya dejado, puede usted navegar en la red o estudiar lo que haga falta para el estudio bíblico de los varones, o disfrutar de sus aficiones. Despierte como hice yo y dése cuenta de que su primera responsabilidad es su familia y el mantenimiento de su hogar.

Trabajoadicto, Peter Pan, señor Poltrona y profesor "mente ausente", son los cuatro tipos de esposo que hemos considerado. Seguramente admitirá que en una o más ocasiones usted también ha actuado como uno o varios de estos tipos de esposos. Puede que haya tenido temporadas durante las cuales ha trabajado incesantemente en su oficio. Puede que haya tenido temporadas en las que actuó irresponsablemente. Y por último, pero no menos importante, puede haber tenido temporadas en las que vivía de forma egoísta. Espero que ahora ya reconozca sus responsabilidades como líder de su hogar y se comprometa más a arreglar algunas cosas.

Comprometerse con su hogar

Volvamos por última vez a mi historia de aquel pueblo en la India. Como dije, escuchar de esos nobles aldeanos fue un punto de inflexión en mi compromiso con mi hogar. Estaba ocupado sirviendo al Señor en la iglesia y alrededor del mundo mientras viajaba y enseñaba la Palabra de Dios en casa y por todas partes. Obviamente eso era muy importante. Toda esa actividad era mi ministerio, mi vocación, mi trabajo, mi carrera, mi profesión. Pero las vidas de estos fieles, diligentes lugareños me obligó a encarar la dura realidad: estaba descuidando mi hogar y los que lo formaban. Estaba ocupado dando testimonio "fuera" pero estaba perdiendo mi testimonio ante mi propia familia y mi vecindario.

Amigo, yo ya no puedo esperar a llegar a casa y empezar a trabajar en ello y ocuparme de mis relaciones en el hogar. He comprendido que las dos van de la mano. No soy un experto en reparaciones, pero no imagina qué gozo supuso reavivar mi amor por mi hogar y su conservación. Y había más gozo aún al ver a mi familia responder a mi atención.

> Su impacto positivo sobre las generaciones venideras está directamente relacionado con el ministerio que usted tenga en ese pequeño lugar llamado hogar.

Bien, esa es mi historia. Y ahora ¿cuál es la suya? ¿Qué tal es su compromiso para con su hogar y la gente que lo integra? Su impacto positivo sobre las generaciones venideras estará directamente relacionado con el ministerio que usted tenga en ese pequeño lugar llamado hogar.

¿Cuándo fue la última vez que se detuvo usted para dar gracias al Señor por la bendición de su hogar y su gente? Por favor, ¡no dé por sentado lo que representa su hogar! Ámelo y cuídelo. Alabe a Dios por él. Tal vez usted y yo necesitemos sacar una página de la vida de David. Escuche ahora el corazón de David agradeciendo en humilde alabanza a Dios por su "casa" y todo lo que ella representa: su familia y el lugar donde vivían.

> ¿Quién soy yo, oh Señor DIOS, y qué es mi casa para que me hayas traído hasta aquí? ... pues no hay nadie como tú, ni hay Dios fuera de ti, conforme a todo lo que hemos oído con nuestros oídos (2 S. 7:18, 22, BLA).

Estimado esposo, ¿reflejan la oración y actitud de David su corazón? ¿Puede usted decir humildemente, "¿Quién soy yo, oh Señor DIOS, y qué es mi casa para que me hayas traído hasta aquí?" Dios ha bendecido su casa. Le ha dado una familia maravillosa. Déle gracias por ellos.

Y si Dios le ha bendecido con un hogar, debe usted recordar que todas las cosas, incluyendo la vivienda que llama usted hogar, es parte de su mayordomía. Si desea ser un mejor administrador, tal vez sea el momento de que usted y su esposa se sienten juntos para tener una larga charla acerca de su hogar. Pregúntele qué le gustaría ver que ocurriese en cuanto a la casa tanto espiritual como físicamente. ¿Qué arreglos lo transformarán en un mayor testimonio de su fe? ¿Cómo pueden elaborar un presupuesto para las necesidades presentes? ¿Qué pueden empezar a ahorrar semanal o mensualmente para futuras necesidades? ¿Qué puede usted aprender en su colegio local o almacén de bricolaje para mejorar sus habilidades en las reparaciones y mejoras caseras?

Una de sus metas como esposo según el corazón de Dios es mantener su casa. ¿Cómo puede convertir su hogar en un lugar mejor para vivir su esposa y usted? ¿Un mejor lugar para educar a sus hijos? ¿Un pedacito de cielo en la tierra?

Detalles que transforman

1. Pídale a su esposa una lista de cosas por hacer.

Una de las mejores maneras de mostrar a su esposa que usted la ama es ayudarla a mantener su "nido" en buenas condiciones. Pídale a su esposa una lista de las cosas de la casa que precisan reparaciones. Le estará muy agradecida. Pero cuidado: si le da una lista, asegúrese de que va a trabajar en ella. Si no cumple, su esposa se sentirá frustrada al no verle hacer nada.

2. Tenga su propia lista de tareas pendientes.

La lista de cosas por hacer que su esposa le confeccione seguramente será diferente de la de usted. La de ella le pedirá que detenga la pérdida del grifo o arregle la puerta que chirría. Pero la de usted podría incluir reparaciones de más envergadura, como el tejado o el horno. En cuanto sea posible, en los límites de su presupuesto, mantenga tanto las reparaciones pequeñas como las importantes de su casa. Postergar el mantenimiento suele ser más costoso que encargarse de un problema cuando surge. Si no hay dinero para las reparaciones, empiece a orar por la provisión de Dios. Y si su iglesia es como la mayoría, los hermanos suelen ofrecerse voluntarios para ayudar con una reparación necesaria si se lo hace saber.

3. Tenga una lista de comprobación de seguridad doméstica.

- Mantener productos peligrosos y medicinas bajo llave.
- Mantener las armas de fuego bajo doble cerradura.
- Tener un extintor.
- Tener un plan para desastres naturales.
- Tener un plan de evacuación para incendios o desastres.
- Ensayar su plan de evacuación con la familia.
- Tener y comprobar mensualmente detectores de humo.

4. Corte el césped.

Podría ampliar esto y decir que cuide su patio, pero el césped es la parte más visible del mismo. Puede tenerlo todo en perfectas condiciones dentro de la casa, pero si no ha recortado el césped la gente lo notará, incluyendo (especialmente), su esposa, y su casa no tendrá una buena apariencia. Su esposa trabaja muy duro en su dominio para que el interior de la casa esté limpio y acogedor. Y le gustaría que usted hiciese lo mismo con su parcela: el jardín, el patio, la parte exterior de la casa.

Sí, sé que esta usted cansado cuando llega a casa. Y sé que su equipo favorito juega los sábados. Pero tiene usted que podar y mantener el jardín con regularidad. Planee un tiempo cada semana y cuando este se acerque, "autosugestiónese" para salir al aire libre y trabajar en el jardín. Su esposa le amará por ello y los vecinos apreciarán también sus esfuerzos. (Ahora, para ustedes que viven en edificios de apartamentos, estén agradecidos por no tener un jardín que cuidar. ¡Eso les da más tiempo para la lista de tareas pendientes que su esposa tiene para ustedes!)

5. Limpie el garaje.

¿Cuándo limpió el garaje o el cuarto de "cosas para revisar" por última vez? Es sorprendente cuántas cosas se pueden amontonar en tan poco tiempo. Tal vez pueda usted vender algunas juntándose con sus vecinos que también tengan cosas para vender y montando una venta particular en el garaje. O quizás tenga tantas cosas por sí solo que no necesite las de los vecinos para organizar una venta. O puede que su iglesia tenga un mercadillo benéfico anual. Esa venta anual puede proporcionarle una excusa al año para limpiar el garaje. ¡Incluso puede que le quepa el auto cuando haya terminado!

6. Obsequie con el regalo de su tiempo y energías.

Se me ha ocurrido una gran idea para usted: en su próximo aniversario o día especial, considere la oportunidad de ofrecer sus servicios como un regalo a su esposa para hacer los arreglos necesarios en la casa. Un ramo de flores puede durar una semana, pero el regalo de sus manos y su tiempo durará años. Puede que ella haya estado insinuando acerca de cosas que están representando una molestia irritante durante semanas. Así que busque una caja, guarde las herramientas o lo que necesite para llevar a cabo sus deseos, y entonces envuelva para regalo la caja y entréguesela junto con una nota o certificado con la promesa de realizar el trabajo. ¡Y después HÁGALO! (Y probablemente también quiera regalarle un ramo de rosas.)

7

Criar a los hijos

Y estas palabras que yo te mando hoy,
estarán sobre tu corazón;
y las repetirás a tus hijos.
DEUTERONOMIO 6:6–7

Recientemente escuché a un ministro del Señor testificar de la poderosa influencia de su padre en su vida. Nos contó que su padre pasaba mucho tiempo enseñándole cómo ser una persona de carácter piadoso. Nos explicó cómo lo hacía: El padre elaboró el plan de acción de emplear una hora cada noche, después de cenar, con este hombre y con su hermana cuando eran niños. A veces se usaba esa hora para enseñar. Otras veces se empleaba en la lectura de la Biblia u otros libros. Cuando los niños se hicieron mayores, el padre añadió la lectura del periódico con sus hijos, interpretando los acontecimientos de la actualidad a la luz de la verdad bíblica. Estas sesiones de una hora diaria duraron hasta que el hijo dejó el hogar para estudiar. ¡No nos extraña que este hijo esté dispuesto levantarse y bendecir a su padre!

Colega esposo, es hora de añadir otro elemento a nuestra lista creciente de cruciales "cosas que realmente importan en su matrimonio": Ser padre. En este punto, doy por sentado que tiene hijos. Aunque no los tenga, encontrará este capítulo beneficioso para dialogar con otros que sí los tienen, y para prepararse de cara al momento en que usted y su esposa tengan descendencia (Dios mediante). Puede también que sea usted un padre cuyos hijos no viven en casa. En ese caso, los fundamentos que voy a tratar pueden llevarse a la práctica cuando pase tiempo con sus hijos.

Ser padre

En el testimonio que he contado, encontramos un tesoro de principios que forman parte de la educación cristiana de nuestros hijos. Analicemos este proceso de paternidad del progenitor y veamos cómo podemos beneficiarnos de su ejemplo.

La importancia de la instrucción. El padre de este hombre no dejó su papel y su responsabilidad de enseñar y educar a sus hijos. Como seguramente ha notado, sus sesiones familiares no eran momentos formales, de duras obligaciones. No, sus sesiones implicaban simplemente tomarse el tiempo para sentarse con los hijos para leer, hablar y comentar las cosas de la vida.

Este relato ilustra que los padres cristianos no necesitan ser graduados en pedagogía o Biblia para instruir a sus hijos. De hecho, ese obrero del Señor vino a decir que su padre no tenía más que la educación general básica.

La enseñanza es una obligación importante que tenemos como padres. Nuestra fiel instrucción ayuda a asegurar que la generación próxima continúa con nuestros valores bíblicos y la fe en Cristo (insisto, Dios mediante). Moisés se lo dijo así a los israelitas justo antes de entrar en la tierra prometida: "Y estas palabras que yo te mando hoy, estarán sobre tu corazón; y las *repetirás* a tus hijos" (Dt. 6:6–7). En otras palabras, los padres tenían que esforzarse al máximo para ceder a la generación siguiente la fe que les había sido entregada a ellos.

Y, querido padre cristiano, ¡ese mandato es también para usted! Piense en ello. La fe cristiana está, en términos humanos, a sólo una generación de la extinción. Asegurémonos de cumplir con nuestra parte para inculcar las enseñanzas de nuestra fe cristiana a nuestros hijos y entonces confiemos en que Dios hará su obra en sus corazones.

La importancia de un amor personal por Dios. El obrero del Señor que nos contó su testimonio tenía un amor a Dios vivo y vibrante. ¿Por qué? En parte porque un padre que había experimentado en su propia vida el amor de Dios había modelado ese amor en su hijo. Consideremos de nuevo la exhortación de Moisés y notemos una primera responsabilidad paterna:

> Amarás al SEÑOR tu Dios con todo tu corazón, con toda tu alma y con toda tu fuerza (Dt. 6:5, BLA).

Papá, ¡no puede compartir lo que usted mismo no posee! Moisés dijo a los padres que primero amasen ellos a Dios. Entonces, tenían que pasar su fe a sus hijos. Convierta en una prioridad vital el desarrollo de un amor vivo y creciente por el Señor. Sus hijos lo notarán y responderán a lo que es importante para usted.

La importancia del entorno. Prácticamente todos los aficionados al béisbol han oído hablar de Mickey Mantle, uno de los mejores jugadores de la historia. Desde luego yo ya sabía de él cuando era niño. De hecho, Mickey Mantle nació en el pueblecito que está justo al norte de mi pueblo natal de Miami, Oklahoma. En una ocasión, Mickey estaba en el único almacén de artículos deportivos de Miami en época fuera de temporada. Precisamente ese día me encontraba yo también en ese comercio y, por supuesto, le reconocí al instante. Me encontraba en tal sobrecogido ante él que, en lugar de pedirle un autógrafo, caminé como si nada y con determinación le toque la cazadora desde atrás. ¡Juré que jamás me lavaría esa mano!

Bueno, a lo que iba...

Desde la época en que Mickey Mantle era un niño de cinco años, su padre lo envolvió con una vida de béisbol. Mickey comía, bebía y dormía béisbol. De hecho, sus logros como jugador se atribuían en parte al entorno creado por su padre. En momentos posteriores de su vida, Mickey reconoció que el constante énfasis de su padre sobre el béisbol fue la contribución más fuerte para su éxito entre los más famosos.

Amigo, ya sea en el béisbol o en el cristianismo, creo que ahora puede usted ver que la atmósfera de su hogar creará una impresión sobre los jóvenes de su casa. Su tarea es asegurarse de establecer un entorno en el que sus creencias y carácter cristiano estén constantemente expuestos ante sus hijos.

El padre de la ilustración del principio de este capítulo creó un clima de amor, conciencia y enseñanza bíblica. Los hijos, al menos durante esa hora diaria, estaban rodeados y envueltos en el amor de un padre creyente se los cuidaba. De vuelta nuevamente a las palabras de Moisés al pueblo de Dios, note el tipo de entorno que Moisés dijo que los padres debían crear:

> Y estas palabras que yo te mando hoy... las repetirás a tus hijos, y hablarás de ellas estando en tu casa, y andando por el camino, y al acostarte, y cuando te levantes. Y las atarás como una señal en tu mano, y estarán como frontales entre tus ojos; y las escribirás en los postes de tu casa, y en tus puertas. (vv. 6–9)

Mi compañero en la paternidad, usted y yo necesitamos tomar muy en serio estas exhortaciones. Nuestros hijos no tienen que pensar ni por un momento que nuestra fe no es lo más importante de nuestra vida. No deben pensar en ningún instante que la fe cristiana es solo una "fe dominical". En lugar de eso, tienen que oírnos constantemente hablar de Jesús. Tienen que ver de manera consecuente el fervor y la emoción de nuestro amor por Jesucristo en todo aspecto de nuestras vidas.

> Cada dorado minuto que emplee con sus hijos se acumula para ser su mayor inversión y le producirá sus mayores dividendos.

La importancia del tiempo. ¡El tiempo parece algo tan

escaso para nosotros los hombres! Nunca parecemos tener el suficiente. Solemos estar ocupados cada minuto y segundo de reserva de nuestro tiempo. Pero anímese. Nadie tiene más tiempo que usted. Todos tenemos 24 horas, 1.440 minutos, 86.400 segundos al día para gastar como elijamos.

Ahora advierta de nuevo cómo el padre del testimonio arriba citado eligió emplear una de sus horas cada día. Para él, sesenta minutos de tiempo empleados con sus hijos era algo crucial. Y estoy seguro de que estará de acuerdo en que su tiempo fue de gran importancia también para su hijo. Ese pastor fue grandemente impactado por un padre que "apartaba tiempo" para sus hijos.

Padre cristiano, ¡siempre hay tiempo para lo que uno considera importante! Así que, evalúe su tiempo. ¿Qué hay en el mundo más importante que sus hijos? En lo que respecta a la prioridad de tiempo con sus hijos, suelo citar y parafrasear estas palabras de Jesús: "¿Qué aprovecha al hombre, si gana todo el mundo, y se destruye o se pierde a sí mismo [...o a sus hijos]?" (Lc. 9:25). ¡No hay bastante oro en el mundo para cambiarlo por sus hijos! Usted debe simplemente apartar tiempo para ellos. Cada dorado minuto que emplee con sus hijos se acumula para ser su mayor inversión y le producirá sus mayores dividendos.

La importancia de la disciplina. Hasta aquí hemos considerado la vida de un hombre y sus relaciones con su padre. Hemos comprendido algo mejor el proceso bíblico de ser padre. Pero partiendo de ese ejemplo, tenemos que considerar al menos un aspecto más de nuestra paternidad, el de la disciplina de los hijos.

La Biblia recalca repetidamente la necesidad de disciplinar a nuestros hijos. Por ejemplo, Proverbios 23:13 dice "No rehúses corregir al muchacho; Porque si lo castigas con vara, no morirá". Si este proverbio parece un poco áspero para la sociedad actual, escuche cómo la Biblia compara la disciplina de Dios con sus hijos con nuestra responsabilidad de disciplinar a nuestros hijos: "Hijo mío, no rechaces la disciplina del SEÑOR ni aborrezcas su reprensión, porque el SEÑOR a quien ama reprende, como un padre al hijo en quien se deleita" (Pr. 3:11–12, BLA).

Amigo, tanto usted como yo somos gente rebelde y pecadora. ¿Y sabe una cosa? ¡Nuestros hijos también son rebeldes y pecadores! Dios lo ha dicho, "No hay justo, ni aun uno" (Ro. 3:12) ¡y esto incluye a nuestros queriditos! Así como Dios trata con nosotros en cuanto a nuestra rebelión, nosotros hemos de hacer igual en cuanto a la de ellos. Y como Dios, que administra su disciplina en amor, nosotros también debemos disciplinar en amor.

No sé usted, pero yo nunca he tenido la administración de disciplina como una favorita en mi "lista de cosas para hacer" de Dios. Si por mí fuese, probablemente viviría lo que cuenta el chiste que dice, "Todo en nuestras casas hoy funciona por interruptores, excepto los niños". Pero no podemos ser pusilánimes y delegar esa responsabilidad a nuestra esposa ni olvidarla tampoco. Seguro que ella puede ayudar, particularmente en nuestra ausencia, pero en definitiva es usted como padre el responsable ante Dios de la disciplina de sus hijos.

Padre cristiano, Dios le ama y le disciplina de manera apropiada. Así que "ve y haz tú lo mismo". Pero haga caso del consejo de estos dos versículos para prestar atención al plan de Dios de disciplinar a sus hijos:

> Padres, no exasperéis a vuestros hijos, para que no se desalienten. (Col. 3:21).
>
> Y vosotros, padres, no provoquéis a ira a vuestros hijos, sino criadlos en disciplina y amonestación del Señor (Ef. 6:4).

La importancia del ejemplo. Se ha dicho: "Hasta que un muchacho tiene 15 años hace lo que dice su padre; después de esa edad hace lo que hace su padre". ¡Qué gran descripción del poder del ejemplo! Sé que esto fue una verdad indudable en mi vida. Muchas de las buenas cualidades de mi vida fueron inculcadas por mi padre. Tengo una gran deuda de gratitud con él, y solo desearía que estuviese aquí para poder expresarle mi agradecimiento.

Pero también había una parte negativa en mi padre. Es comprensible, porque él no era creyente. A partir de lo que he observado, creo que mi madre y él tenían una buena relación. Pero en alguna ocasión, mi padre trató a mi madre de forma ruda e irrespetuosa, cosa que me prometí no repetir yo cuando me casase. Pues bien ¿sabe una cosa? ¡Yo también lo hice! ¡Tanto es el poder del ejemplo! Su influencia fue tan grande que acabé tratando a mi esposa como mi padre a mi madre, y al instante me di cuenta de que tenía que hacer algo con el modelo que mi padre me había inculcado por un mal ejemplo.

Recuerde en su propia niñez. Piense en la forma como su padre obraba con su madre. Piense entonces en la forma como está usted tratando a su esposa. ¿Hay similitudes, buenas o malas? Pues bien, piense en esto: Sus hijos están viendo su conducta. Así como yo copié la conducta de mi padre y usted la del suyo, sus hijos copiarán un día la de usted. ¿Puede señalar algo que ellos estén imitando o puedan repetir más adelante? ¿Egoísmo, orgullo, arranques de furia, mundanalidad? ¿O virtudes cristianas y bíblicas?

> Su consecuente y piadoso ejemplo será muy eficaz para dar a sus hijos ánimo para permanecer firmes por Cristo en este día malo.

La forma más importante en que puede usted ser un buen ejemplo como padre es aceptando a Jesús como su Salvador personal y confesándole ante los demás, incluyendo su familia, y vivir una vida para Cristo. ¡Ésa sí es una vida digna de imitar! Espero que su familia nunca llegue a preguntar lo que cierta niña:

> Una vez, un padre puso a su hijita en su regazo y le describió cómo es la vida cristiana. Cuando terminó, la niñita miró a su padre con carita de asombro e interrogación y le preguntó algo que le llegó al alma a su padre: "Papi ¿alguna vez has visto uno?"

Padre cristiano, ¿qué modelo está formando ante sus hijos? ¿Pueden ellos contemplar en usted lo que es un cristiano a través de su conducta en casa? Amigo mío, pida a Dios que lo haga su vida. Haga después todo lo posible para ser un ejemplo consecuente de cómo es un cristiano. Que sea su modelo la semejanza de Cristo ante sus hijos de tal manera que con los años ellos permanezcan de pie por Cristo ante sus propios hijos. Tal es la importancia del ejemplo.

Tenga cuidado... porque los días son malos

Vivimos sin duda en una época en que el mal crece sin control. La sociedad se precipita cuesta abajo, y trata de arrastrarnos a nosotros y a nuestras familias. Pero eso no es nuevo. El apóstol Pablo describió *su* día como malo (Ef. 5:16). Pero nos brinda un consejo válido tanto en sus días como en los nuestros: "Mirad, pues, con diligencia cómo andéis, no como necios sino como sabios, aprovechando bien el tiempo, porque los días son malos" (Ef. 5:15–16).

Desde mi experiencia pastoral y personal, veo que muchos padres cristianos de hoy tenemos dos problemas principales. Primero, no caminamos con sumo cuidado como padres. No estamos siendo suficientemente cuidadosos en cuanto a cómo obramos ante nuestros hijos. A veces nuestros niños no ven una diferencia significativa entre nuestras acciones y la forma de obrar del mundo. Por eso dice Pablo, "Mirad bien cómo andéis" (v.15). Como dije antes, su consecuente y piadoso ejemplo será muy eficaz para dar a sus hijos ánimo para permanecer firmes por Cristo en este día malo.

Y segundo, como padres creyentes no estamos "redimiendo el tiempo" (v. 16) en lo que respecta a nuestros hijos. Estamos tan preocupados (lo que en sí es bueno) con proveer para las necesidades físicas de nuestros hijos que no siempre prestamos la debida atención a sus necesidades emocionales, mentales y espirituales. El padre sabio "entiende cuál es la voluntad de Dios" (v. 17) y se ocupa de su papel como padre.

Mencionemos de nuevo los puntos clave. En lo que Dios le pide que se centre como padre para que sus hijos puedan afrontar mejor la tormenta del presente día malo es en: ejemplo, tiempo, disciplina e instrucción. Esta implicación práctica es una parte importante de la voluntad de Dios para usted como padre. La voluntad de Dios es que usted nunca abandone a sus hijos. El día es malo y el riesgo alto —¡demasiado alto!— como para no darlo todo en la educación de sus hijos.

Un pastor que había aconsejado a muchos jóvenes que habían andado descarriados —incluso en el contexto de hacerse homosexuales— hace esta fuerte declaración sobre su experiencia:

> Déjeme ser claro con usted. Si funcionamos como amante cabeza del hogar, respetamos y amamos a nuestras esposas y seguimos las pautas de Efesios 6:4, nuestros hijos no se harán homosexuales. He pastoreado durante diez años en el área de la Bahía de San Francisco y he aconsejado a muchos homosexuales. Cada uno de ellos, sin excepción, venía de un hogar donde no se ponían en práctica los principios de Efesios 5:22–6:4.[13]

¡Una afirmación bastante fuerte! La fuerza de esta conclusión de Steve Farrar, escritor y conferenciante para varones, debería darnos esperanza... pero también debería motivarnos a seguir adelante con nuestras responsabilidades. Él escribe que si seguimos el plan de Dios y cumplimos su voluntad como esposos y padres, estamos en buen camino, humanamente hablando, para proteger mejor a nuestros hijos en estos tiempos desesperados. Estemos seguros en cuanto a nuestro mandato como líderes de nuestros hogares. Asegurémonos de pasar un tiempo de importancia vital con nuestros hijos. Propongámonos mostrar el modelo de la semejanza de Cristo. Seamos fieles para enseñar las verdades de las Escrituras... ¡no importa el precio!

Andemos como sabios

No sé a usted, pero a mí las palabras de Steve me han tocado fuerte. Los padres sabemos qué nos dice la Palabra de Dios que deberíamos hacer: Andar "no como necios, sino como sabios" (Ef. 5:15). Pero de alguna forma es fácil que nos desviemos por todo lo que ocurre a nuestro alrededor. Entonces acabamos tomando decisiones poco sabias respecto a la prioridad de nuestros hijos. Decidamos en este mismo lugar, ahora mismo, que con la ayuda de Dios vamos a comenzar a tomar decisiones más sabias en lo que respecta a nuestros hijos.

Puede que esté pensando: *Pero Jim, usted no sabe el lío en que yo estoy metido. He tenido todas mis prioridades mal colocadas. He alejado de mí a mis hijos con la forma en que me he comportado. En realidad, no sé ni dónde empezar a poner las cosas en orden.*

Bueno, hermano, ¡*ya* acaba usted de empezar a arreglar las cosas! Está planteando las *preguntas* que muestran su preocupación. Y está *todavía* leyendo este libro. Definitivamente se está moviendo en la dirección correcta para llegar a ser lo que Dios quiere de usted, un esposo conforme al corazón de Dios.

Así que ya es hora de que le pida a Dios que le dé renovada energía para intentar convertirse en un *padre* conforme al corazón de Dios. Pida perdón a Dios por los errores pasados y dé un paso de gigante adelante para hablar con algunas personas muy especiales —su esposa e hijos— y pedirles perdón por su falta de amor y preocupación por su bienestar. Comience desde cero hoy mismo a ser un padre para sus hijos y a convertirse en un hombre conforme al corazón de Dios en su papel como hombre de familia. ¡Sé que puede! ¿Cómo puedo asegurarlo? ¡Porque Dios promete ayudarle a hacer su voluntad!

Las recompensas potenciales

Déjeme cerrar este capítulo con un modesto juicio: "Ser padre es una de las cosas más difíciles que jamás hará". Si es usted padre, entenderá lo que digo. La paternidad no es fácil. ¡De hecho, es realmente duro! Pero si quiere perseverar con Dios, si quiere cumplir su parte en ser padre a la manera de Dios, y quiere resistirse a caer ante las presiones de la sociedad (e incluso sus propios hijos), experimentará increíbles bendiciones de parte de ellos. Elizabeth y yo sabemos que eso es cierto. Es probable que hayamos cometido casi todos los errores posibles en unos padres, y hemos pasado por caminos pedregosos con nuestras niñas, pero con la sabiduría de Dios en su Palabra y la sabia orientación de otras personas, nos hemos mantenido confiando en la ayuda de Dios y cumpliendo con nuestra parte de acuerdo con la Biblia. Una bendición que disfrutamos ahora es la de estar hombro con hombro con nuestras hijas y sus esposos en la empresa de levantar otra generación —nuestros nietos— que (¡Dios mediante y por su gracia!) un día conocerá y amará a nuestro Salvador.

¡Qué gozo podemos experimentar si queremos seguir el plan de Dios para ser padres! Creo que el apóstol Juan lo dijo mejor:

No tengo yo mayor gozo que este,
el oír que mis hijos andan en la verdad.
3 Juan 4

Detalles que transforman

1. **Discipline de forma consecuente.**

   Su esposa y usted llegaron al matrimonio desde trasfondos diferentes y desde distintas formas de hacer las cosas. Por tanto, cuando tienen hijos cada uno tiende a disciplinarlos partiendo de su particular perspectiva o experiencia. Eso está bien si están los dos de acuerdo. ¿Pero si no? Entonces hay serias posibilidades de conflicto. Y al final quienes pierden son sus hijos cuando hay tensión entre usted y su esposa o inconsistencia en los métodos que usan para disciplinar. ¿Por qué no se sienta con su esposa y juntos elaboran una metodología para una disciplina consecuente? Si necesita ayuda, pregunte a otros, o vayan en pareja a clases para padres. Esos consejos y clases les guiarán para crear principios bíblicos consecuentes para la educación de los hijos.

2. **Ore por sus hijos.**

   Haga como con su esposa: lleve fotos de sus hijos al trabajo y póngalas donde pueda verlas todo el día. También como con su esposa, cuando mire las fotos, eleve una oración a Dios por ese hijo y por lo que pueda estar haciendo en ese momento. Con una mentalidad de orar siempre (Ef. 6:18) por sus hijos, no podrá sino ser un padre como Dios quiere. Y una cosa más, ¿cuántos otros están orando en concreto por sus hijos? Puede que usted y su esposa sean los únicos que están fielmente orando por ellos. No descuide este importante ministerio.

3. Lleve a sus hijos a la iglesia.

Ir a la iglesia es una de las formas más importantes de mostrar su fe a sus hijos. Si usted está impaciente por ir a la iglesia y habla de ello durante toda la semana, sus hijos llegarán a ver la asistencia a la iglesia como parte de su vida también. Usted es el líder de su familia, y su fe dará forma al pensamiento religioso de sus hijos. Cuando usted forma el modelo de su fe cristiana al llevar a su familia a la iglesia, sus hijos recibirán una porción de la preparación que necesitan para entender lo que significa tener una relación con Jesucristo.

4. Invierta en el futuro de sus hijos.

"¡Cómo pasa el tiempo!" es una expresión especialmente cierta cuando se refiere a nuestros hijos. Parece que fue ayer cuando los llevaba en brazos... ¡y ya están acabando la escuela secundaria! Usted quiere que estén preparados para el futuro y eso suele significar más educación, sea en formación vocacional o en estudios universitarios. ¡Eso quiere decir que usted necesita empezar a preparar su futuro ahora, porque... ¡el tiempo vuela! Así como ya ha invertido en su futuro espiritual, ahora es el momento de invertir en su futuro intelectual y físico.

La educación es cara, y los costes pueden parecer agobiantes. Muchos padres renuncian y esperan que sus hijos puedan conseguir préstamos para estudios, y eso es un buen recurso. Pero, si es posible, no cargue a sus hijos con una deuda que estarán pagando durante muchos años. ¿Por qué no les hace un favor y les da una buena oportunidad para su educación superior "metiendo en el calcetín" un poco de dinero cada semana o cada mes hasta que termine la escuela secundaria y llegue la hora de la formación superior? Cualquier cosa que pueda hacer será muy apreciada. Un día sus hijos se levantarán y le bendecirán.

5. Desarrolle costumbres entre padre e hijo.

Es divertido ver lo que sus hijos recuerdan de su niñez. Les pregunta sobre el pasado y no pueden recordar las cosas que usted considera destacables, como sus cumpleaños o los regalos que usted consideraba especiales. Lo que de verdad recuerdan son esas costumbres especiales que ustedes establecieron, como su excursión anual con la mochila junto a sus chicos, o esas "veladas" mensuales con sus hijas. Desarrolle este tipo de costumbres con sus hijos y no tendrá problemas para hablar con ellos. ¿Por qué? Porque habrá creado un entorno que les hará sentirse cómodos para descubrir sus almas ante usted. Y todo lo que usted tiene que hacer es darles su tiempo... y, por supuesto, estar dispuesto a escuchar.

8

Amar a la familia

Si es posible,
en cuanto dependa de vosotros,
estad en paz con todos los hombres..
ROMANOS 12:18

Mi suegro, Henry, era un tipo estupendo. Nació en una cabaña de excavadores al oeste de Texas con el cambio de siglo. Trabajó con dedicación en la universidad en tiempos en que la mayoría de la gente ni siquiera se graduaba en la escuela primaria. Henry trabajó toda su vida como un mal pagado maestro de escuela en Oklahoma, y probablemente nunca ganó más de 20.000 dólares al año. Aunque parezca increíble, puso a cuatro de sus hijos en la universidad. Sí, Henry era un hombre de verdad.

Pero en el invierno de su vida, Henry desarrolló varios tipos de cáncer. Todos sus hijos querían llevárselo a vivir con ellos, pero como era un hombre casero, decidió quedarse cerca de casa y finalmente se fue a una residencia en su pueblo de toda la vida. Dos hermanos de Elizabeth vivían más o menos cerca por lo que podían estar con su padre los fines de semana. Pero los días entre semana eran un problema. Después de mucha oración Elizabeth y yo decidimos que su padre no debía estar solo durante la semana.

Así que acordamos que Elizabeth volaría desde Los Ángeles a Tulsa, Oklahoma, cada lunes por la mañana y volvería a casa en California el jueves por la tarde o en la mañana del viernes. Poco sabíamos que esta visita semanal —y la vida de Henry— iba a durar casi un año en cuanto la salud de mi suegro declinó lenta pero firmemente. Obviamente, era una época de nuestras vidas en la que Elizabeth estaba libre para estar con su padre. Nuestras hijas estaban casadas, nuestro nido vacío, y yo la apoyé en sus cuidados a su padre.

Estoy contando esta historia porque nos presenta una ilustración perfecta de lo que significa "honrar a sus padres" y el esfuerzo que a menudo supone amar a toda su familia.

Seguro que habrá notado ya que todos los temas que hemos estado tratando en este libro cuentan de verdad en su matrimonio. Y tal como las otras cuestiones que hemos comentado hasta aquí, la de la familia en su sentido extenso —padres, hermanos y familia política— puede ser una fuente de fricción y conflicto en un matrimonio. Puede que usted tenga los mejores suegros del mundo. Si es así, no descuide dar gracias a Dios diariamente por su familia, porque hay muchos hombres que no tienen buenas relaciones con uno o ambos tipos de parientes, ¡por no mencionar sus hermanos o cuñados!

Mientras consideramos qué significa ofrecer nuestro amor a todos los miembros de nuestra familia, quiero que consideremos a un hombre que tuvo una buena relación con sus suegros, de modo que podamos ver cómo podemos sacar lo máximo de nosotros mismos en este aspecto de nuestra vida y nuestro matrimonio.

El primer mandamiento con promesa

Se cree que hay unas 30.000 promesas en la Biblia. Muchas de ellas, sin duda, son específicas para un grupo específico de personas, como la nación de Israel. Pero hay una promesa en particular de Dios que es para toda la gente de todos los tiempos, una promesa dada como parte de los Diez Mandamientos: "Honra a tu padre y a tu madre, para que tus días sean prolongados en la tierra que el SEÑOR tu Dios te da" (Éx. 20:12, BLA). El apóstol Pablo llamó a este "el primer mandamiento con promesa" (Ef. 6:2).

Dios promete (y él no puede mentir, Tit. 1:2) que si honramos y respetamos a nuestros padres, nos bendecirá. Y creo que una vez nos casamos, esta promesa se aplica a ambas ramas de parientes, la de los suyos y la de su esposa. Ahora urge decir que deberíamos amar a nuestros padres por causa del Señor, no solo por recibir bendiciones. Pero es bueno tener bendiciones especiales de Dios como resultado de nuestra obediencia. ¿Desea las bendiciones de Dios en su vida y matrimonio? Sé que sí... ¡y yo también! Pues bien, la promesa "para que te vaya bien, y seas de larga vida sobre la tierra" (Ef. 6:3) es nuestra... si honramos a nuestros padres.

La ley vivida

¿Cómo exactamente honramos a nuestros padres?

Al pensar en esta pregunta, me acuerdo de Moisés. Él

es uno de los más grandes hombres de la Biblia, un hombre cabal. Moisés recibió de Dios el encargo de dirigir una nación de unos dos millones de personas. Habló cara a cara con Dios. Recibió los Diez Mandamientos... y su lista de privilegios suma y sigue. Pero Moisés también nos dio un gran modelo de cómo deberíamos ofrecer nuestro amor a toda la familia. Toda la familia significa la familia en su sentido extenso. Por tanto, mientras buscamos las respuestas en los versículos de más adelante, recuerde que Jetro era el suegro de Moisés. Recuerde también que estoy usando indistintamente los términos *padres* y *suegros* cuando consideramos lo que creo que Dios puede pedir de nosotros en cuanto al amor a nuestras familias, ¡también la política!

Muestre humildad ante sus padres. En cierto punto de mi vida de casado consideré la idea de trabajar para mi padre, que tenía un negocio de equipamientos agropecuarios. Al recordar ahora esa opción, veo que hice bien al no ponerla en práctica y permanecer con mi familia en California. Pero trabajar para los suegros puede ser un reto, y puede suponer una tensión en el matrimonio.

Moisés, como recordará, se casó con la hija de Jetro y entró en el negocio familiar del pastoreo. Tras cuarenta años de servicio a su suegro, Dios se presentó a Moisés en una zarza ardiente (Éx. 3:2) y le pidió que hiciera un cambio en su carrera profesional (Éx. 3:10). Note la humildad de Moisés al pedir a su suegro permiso para partir: "Te ruego que me dejes ir para volver a mis hermanos que están en Egipto, y ver si aún viven" (Éx. 4:18, BLA).

La lección que Moisés nos enseña aquí es que no debemos pasar por alto la cortesía hacia nuestra familia, trabajemos para ellos o no. Solo porque deseemos dejar el empleo o la proximidad con ellos o hayamos de tomar una importante decisión no significa que podamos tratar a los parientes con falta de respeto. Incluso con un "llamamiento divino" de Dios, Moisés, con casi 80 años, vino ante Jetro con un corazón humilde y una actitud de siervo. Moisés dio sus razones, no *exponiendo* sus intenciones de partir, sino *pidiendo* permiso para marchar.

La humildad es a veces difícil para los hombres. Pero, por la gracia de Dios, tanto usted como yo podemos seguir el ejemplo de Moisés. Y haríamos bien en seguirlo, ya sea que tenga que ver con nuestros parientes, o nuestra esposa e hijos, o solicitar algo de nuestro jefe en el trabajo. Moisés nos enseña a tener una actitud humilde: Dé sus razones, y pida... no exponga.

Honre a sus padres. Si seguimos la historia de Moisés y su suegro, llegamos a un momento en que el pueblo de Dios ya había iniciado el éxodo de Egipto. Jetro había decidido que era hora de llevar a la esposa e hijos de Moisés a encontrarse con su esposo y padre. Fíjese cómo el gran líder de una nación de dos millones de personas o más saluda a su suegro: "Y Moisés salió a recibir a su suegro, y se inclinó, y lo besó; y se preguntaron el uno al otro cómo estaban, y vinieron a la tienda" (Éx. 18:7). Hay que admitir que algunos de los gestos de Moisés describen las tra-

> Honramos a nuestros padres al pensar en ellos, orar por ellos y comunicarnos con ellos tan a menudo como podamos.

diciones culturales de su tiempo, pero este ejemplo es inmediatamente validado para nosotros hoy por los Diez Mandamientos cuando leemos el quinto, que nos manda "honra a tu padre y a tu madre" (Éx. 20:12).

Cristiano, ¿qué tal está honrando a sus padres y suegros? Este mandamiento no es una opción o una sugerencia. No, es un mandamiento directo del corazón de Dios. ¿Cómo podemos mostrar que honramos a nuestros padres? Siga leyendo lo que Moisés nos enseña de cómo honró él a su suegro.

Comuníquese con sus padres. Después de que Moisés honrase a Jetro, lo vemos preguntar por el bienestar de su suegro. La Biblia cuenta, "...y se preguntaron el uno al otro cómo estaban, y vinieron a la tienda" (Éx. 18:7) Dicho de otro modo, Moisés se interesaba por Jetro y se lo comunicó. ¿Cuál es su nivel de interés por sus padres y suegros? ¿Se preocupa lo menos posible por ellos? ¿Les comunica su preocupación por sus intereses o por su salud? ¿Les llama o escribe personalmente? ¿O delega toda comunicación con los padres en su esposa? ¿Está tan ocupado con sus propias cosas que ni siquiera piensa en sus padres, y nunca se le ocurre comunicarse con ellos?

Dios dice que como hombres conforme a su corazón deberíamos honrar a nuestros padres y suegros. Lo hacemos al pensar en ellos, orar por ellos y comunicarnos con ellos tan a menudo como podamos. Y cuando mostramos esa honra, Dios nos bendecirá.

Se preguntará, ¿cómo nos bendice?

- Somos bendecidos con la sabiduría de las experiencias de la vida. El padre de mi esposa, Henry, vivió una larga vida, y tuve el privilegio de sentarme a sus pies y aprender de las lecciones que él aprendió durante sus muchos días.

- Somos bendecidos mediante la amistad de nuestros padres y suegros. Henry, como quería que le llamaran, no solo era mi suegro, sino también un buen amigo.

- Somos bendecidos con el amor que nuestros padres muestran a sus nietos. Era un gran gozo llevar a nuestras niñas a Oklahoma y tener a los padres de Elizabeth mimándolas.

Todo esto es posible, amigo mío, cuando mantenemos el contacto con nuestros padres. Y el principio de honrar a nuestros padres a través de la comunicación es especialmente importante cuando no se vive cerca de ellos. La distancia puede separar, pero la comunicación une.

Sea amigo de sus padres. En la próxima oportunidad que tenga, lea lo que pasó después de que Moisés y Jetro se saludasen y entrasen en la tienda de Moisés (Éx. 18:8–12). Pero mientras tanto, deje que le dé una versión resumida. Estos dos hombres, relacionados solo por la esposa e hija respectivamente, parecían los más grandes amigos según Moisés describe a su suegro el éxodo del pueblo de Dios y la derrota del ejército de Faraón. Por su parte, Jetro alaba a Dios por la milagrosa liberación de los israelitas de la esclavitud. Qué tremenda escena tiene que haber sido la de estos dos hombres —suegro y yerno— pasando tiempo juntos, dedicándose a regocijarse juntos en Dios.

¿Cuán allegado es usted a sus padres? ¿Comenta con ellos lo que está pasando en su vida? Una llamada telefónica de vez en cuando no está mal, pero emplear tiempo con sus padres en persona llevará su relación con ellos a un nivel más profundo.

Escuche a sus padres. Otra forma en la que podemos honrar a nuestros padres es escuchando sus consejos. Sean o no cristianos, tienen una perspectiva —basada en la experiencia— que puede muchas veces sernos de ayuda. Volvamos otra vez al ejemplo de Moisés. El día después de que Moisés y Jetro se encontrasen y pasasen un tiempo juntos, Moisés volvió a su trabajo como juez y estuvo todo el día escuchando al pueblo. Entonces Jetro, que había estado observando todo el día a su yerno, hizo la siguiente observación:

> Entonces el suegro de Moisés le dijo: No está bien lo que haces. Desfallecerás del todo, tú, y también este pueblo que está contigo; porque el trabajo es demasiado pesado para ti; no podrás hacerlo tú solo. Oye ahora mi voz; yo te aconsejaré... (Éx. 18:17–19).

Cuál sería su respuesta (¿o debo decir "reacción"?) a alguien —especialmente un suegro— que intenta decirle cómo conducir su negocio o su ministerio? "¿Acaso no he empezado y construido yo esta empresa desde cero?" O, en el caso de Moisés: "¡Un momento! ¿A quién de los dos ha encargado Dios guiar a esta gente? Si necesito su ayuda, se la pediré. Si no, ¡ocúpese de sus asuntos!" Esos son los tipos de respuesta que a veces damos (o al menos pensamos) cuando alguien intenta darnos un consejo sin pedírselo.

¿Cómo respondió Moisés al consejo de su suegro? Escuchó. Y entonces Moisés fue un paso más allá y "Y oyó Moisés la voz de su suegro, e hizo todo lo que dijo" (v. 24). ¡Moisés cumplió al detalle el consejo de Jetro! Ahora pregúntese: ¿Cómo está escuchando los consejos, solicitados o no, de sus padres y suegros? Moisés no era tan orgulloso como para no recibir el consejo de otra persona. Quizás fue capaz de recibir el consejo de Jetro de forma positiva porque tenían tan buena relación. Su fuerte amistad probablemente facilitó a Moisés aceptar el consejo de su suegro.

¿No ve el gran recurso que Dios le ofrece a través de sus padres y suegros? Como Jetro y mi suegro Henry, ¡tienen tanto que ofrecer! La sabiduría que se obtiene al honrar, escuchar y seguir su consejo puede incluso prolongar su vida de alguna manera, como afirma el quinto mandamiento: "Honra a tu padre y a tu madre, para que tus días sean prolongados en la tierra que el SEÑOR tu Dios te da" (Éx. 20:12, BLA).

¿Suegros o enemigos?

¡Qué gran ejemplo nos da Dios en Moisés y su suegro de lo que es una relación familiar saludable! Todo el mundo se beneficiaba de su parentesco. ¿Pero qué pasa cuando una relación no es la ideal? ¿Qué cosas estorban o impiden una sólida amistad entre usted y sus padres y suegros? Mientras consideramos los siguientes posibles estorbos, dése cuenta de que alguno de estos impedimentos, si no todos, son barreras infranqueables para relacionarse de una forma más saludable con sus familiares. Sé que he sido culpable de usar algunos de estos impedimentos como excusas en lugar de verlos como oportunidades para que Dios obre en mi familia y en mí.

Distancia. Cuando mi esposa estaba creciendo, sus abuelos vivían a unos cincuenta kilómetros. Una vez al año sus padres la llevaban a ella y a sus hermanos a ver a los abuelos. Por desgracia, Elizabeth no tiene recuerdos de los abuelos viniendo a ver a sus padres y hermanos. Como resultado, Elizabeth nunca conoció de verdad a sus abuelos. ¡A solo cincuenta kilómetros y eran completos extraños! La distancia no siempre se mide en kilómetros. A veces se mide en importancia.

Ausencia. La distancia puede ser una razón legítima para la ausencia. Pero confieso que cuando vivía en el mismo pueblo que mis padres, rara vez iba a verlos. Siempre podía justificarme con explicaciones piadosas como, "Estoy ocupado haciendo la obra de Dios" o "ellos saben que los amo aunque no acuda a verlos". Pues bien, amigo mío, no hice lo debido en cuanto a honrar a mis padres. ¿Qué excusa está usted usando para su ausencia?

Egoísmo. Las relaciones requieren tiempo. Para la mayoría de nosotros, el tiempo es algo que creemos no tener. Pero siempre hay tiempo para lo que queremos hacer... y necesitamos hacer. Administramos el tiempo para poder viajar, entretenernos con nuestras aficiones, ver nuestro programa diario favorito de televisión, y mil cosas más. ¿Por qué? Porque queremos. En nuestro egoísmo no seguimos el consejo del apóstol Pablo: "No mirando cada cual por lo suyo propio, sino cada cual también por lo de los otros" (Fil. 2:4). Encontremos formas de mirar por los intereses de nuestros padres. Dios dice que es importante honrar a nuestros padres, y nosotros también deberíamos considerarlo así.

Manipulación. Me ha encantado estudiar la relación que Moisés tenía con su suegro. Parecía ser el yerno perfecto: educado, respetuoso, deseoso de recibir consejo, etc. Pero también Jetro era un buen suegro. La Escritura parece indicar que Jetro vino a Moisés con el propósito de traerle su familia de vuelta. Cuando hubo completado su misión, Jetro "se fue a su tierra" (Éx. 18:27). No intentó controlar o manipular la familia de ninguna manera.

> Usted no puede cambiar el corazón de otro miembro de la familia respecto a usted, pero seguro que puede cambiar el propio.

Ahora, ¿cómo está su relación de matrimonio y con sus padres y suegros? Algunos padres llegan a ser bastante sutiles en el uso de la manipulación. Tal vez usted quiere honrar a sus padres y desea estar con ellos... pero a causa de sus constantes demandas, se encuentra a sí mismo resistiendo y evitándolos. Su esposa y usted tienen que reconocer claramente qué está pasando en sus relaciones con sus padres y ponerse de acuerdo en cómo tratarlo. Y, dependiendo de qué padres sean los causantes del problema, usted o su esposa pueden necesitar hablar con ellos. Pero, no importa lo que pase, aún tiene que honrarlos y respetarlos.

Un ultimo pensamiento: Quizá todo su intento de manipulación es una señal de que no los están ustedes visitando tanto como deberían. En muchos casos sus padres están simplemente deseando verlos a ustedes, a sus hijos ¡y a esos maravillosos nietos!

¿Cómo está su corazón?

¿No es el estudio de la relación entre Moisés y Jetro un refrescante modelo para nosotros como hombres para seguir ofreciendo amor a toda la familia? Su amistad nos da a usted y a mí grandes principios sobre cómo vivir el mandamiento divino de honrar a nuestros padres y suegros y hacerles llegar el amor de Dios.

Es triste tener que decir que la mayoría de las relaciones familiares no son lo que Dios desea. Muchas veces hacemos cosas que dañan a nuestros padres u otros familiares. Y, en otras ocasiones, es uno de ellos quien hace algo que nos duele. Así es a menudo en nuestra familia. Y así es también como empieza el distanciamiento. Escuché recientemente de una madre e hija que no se habían hablado en unos treinta años. ¡Qué pérdida para esas dos familias! Y añadiendo drama a este trágico pecado estaban los muchos nietos que nunca habían visto a su abuela, por no mencionar a esa abuela que nunca había visto a sus nietos.

Repito, ¡qué pérdida!

Querido amigo, no deje que esto ocurra en su matrimonio. Usted no puede cambiar el corazón de otro miembro de la familia hacia usted, pero seguro que puede cambiar el propio. Pídale a Dios que le dé buenos sentimientos hacia los miembros de su familia. Ponga en su corazón el consejo de Pablo: "En cuanto dependa de vosotros, estad en paz con todos los hombres" (Ro. 12:18). Y recuerde, "todos los hombres" ¡incluye a su familia, propia y política! Después dé un paso más y ponga las cosas en orden entre ustedes. ¡Tal vez Dios haya estado también trabajando en sus corazones!

Nadie es perfecto... ¡acepte la realidad! No importa lo que esté pasando en sus relaciones familiares, *usted* puede ser el maduro que decide tener un corazón de perdón. *Usted* puede ser el que ora por los seres queridos. *Usted* puede ser el que atrae al otro y se esfuerza por tener la relación que Dios desea. Y no lo olvide, *usted* puede servirse de los recursos de la oración, la Biblia, y el poder y fruto del Espíritu Santo (Gá. 5:22–23). Por la gracia de Dios ¡*usted* puede ofrecer amor a toda su familia!

Detalles que transforman

1. Ore por sus padres.

A estas alturas su escritorio en el trabajo estará un repleto de fotos, pero una más no supondrá gran cosa. Así que coloque un retrato de sus padres —incluso de sus suegros— en su mesa. Vuelvo a decir, al ver sus fotos ore por ellos. Ore por su salvación, si no son creyentes. Ore por su salud. Ore por otras necesidades que puedan tener. Ore por una buena relación con ellos como familia. Ore por su papel como abuelos de sus hijos. Y ore por más formas de amarlos y honrarlos. La cuestión es encontrar estímulos, como las fotos, que le ayuden a pensar en sus padres, y el pensamiento conducirá siempre a la oración por ellos.

2. Mantenga el contacto.

Además de pensar en ellos y orar por ellos, debería tomar el teléfono y llamarlos a menudo. Pregunte cómo les va y en qué puede orar por ellos. Hágales saber también que está orando por ellos. Permanezca en contacto enviándoles postales cuando está en viaje de negocios. Envíe postales durante sus vacaciones familiares. Las tarjetas postales producirán dos efectos. En primer lugar, harán que sus padres y suegros sepan que usted piensa en ellos. Pero además, los mantendrán al día de lo que pasa en las vidas de ustedes. Seguro que es difícil para usted mantener su propio programa, mucho más mantener a su familia al tanto de las últimas noticias. Las postales son una manera rápida de cumplir con ambos propósitos.

3. Visite a sus padres.

Todas las generaciones de padres han considerado los viajes de manera diferente a los hijos. Por tanto, no espere a que sus padres vengan hasta usted. En lugar de eso, vaya junto a sus padres (¡con su permiso y previos preparativos, claro está!). No es que a ellos no les encante verlos a usted o a los nietos. Lo que ocurre es que ellos consideran los viajes, especialmente en avión, de manera distinta a sus hijos. Por tanto, planifique viajes para visitar a sus padres. Si un viaje comporta ahorrar dinero durante semanas o meses, comience a ahorrar. Al visitar a sus padres los está honrando. Y mediante las visitas sus hijos pueden desarrollar relaciones significativas con sus abuelos. Sus esfuerzos, los recuerdos creados, y las amistades construidas ¡habrán hecho valer la pena hasta el último céntimo!

4. Busque consejos paternos.

La Biblia dice que al casarse su esposa y usted deben dejar a sus padres y ser uno. Eso significa que tienen que iniciar su propio hogar. Significa también que se hacen plenamente responsables de su propia familia y de las decisiones que tomen. Pero eso no significa que sus padres y suegros no tengan palabras de sabiduría para contribuir al proceso de toma de decisiones. Ellos se sentirán honrados cuando usted les pida consejo... y usted se hará mucho más sabio.

5. No delegue "los padres" a su esposa.

Es tan fácil delegar a su esposa una o todas las cosas que requieren su implicación con los padres y suegros. Después de todo ¡es usted un hombre tan ocupado! Así que le encomienda a su esposa escribir las notas, planificar, llamar por teléfono. Además, padres y suegros tienen en gran estima a su esposa. Pero por mucho que la estimen, usted sigue siendo su hijo y yerno, y su contacto con ellos ciertamente dice mucho de su amor e interés por ellos. Usted pone en su agenda los contactos de negocios para un seguimiento continuo, ¿por qué no tener entonces a mano todos los números de teléfono y direcciones de sus padres para que, dondequiera que se encuentre, pueda llamar o escribirles personalmente? Algunas personas de su vida son demasiado importantes como para delegar su cuidado a otros. ¡Sus padres —y sus suegros— deberían ser los primeros de la lista!

6. Envíe muchas fotografías.

Piense un minuto en sus pobres padres. Usted no quiere que se asusten al ver cuánto han crecido sus hijos desde la última vez que los vieron ¿verdad? Pues asegúrese de estar enviándoles un constante flujo de fotos. Cuente por escrito las aventuras que viven su esposa y usted, las mejoras que están haciendo en la casa, el nuevo automóvil de la familia, y las actividades y crecimiento de los niños. Rememore sus vacaciones elaborando tres grupos con sus cartas, y envíe uno a cada uno de sus padres. Las fotos le dicen a sus padres y suegros que usted está pensando en ellos y permitiéndoles estar con ustedes al menos en espíritu, si no en persona. Desde la perspectiva de sus padres, la foto de usted con su esposa y familia es algo que no tiene precio. Recuerde, una imagen vale más que mil palabras... ¡y usted sabe que no le gusta escribir!

9

Trabajar en su profesión

Si alguno no provee para los suyos,
y mayormente para los de su casa,
ha negado la fe, y es peor que un incrédulo.
1 Timoteo 5:8

Como pastor he encontrado muchos "Juanitos", como el que voy a describir a continuación. Este "Juanito" en concreto llevaba recorrido un largo camino en su vida cristiana. Estaba leyendo la Biblia y llevando a su familia a la iglesia regularmente. Pero había otro aspecto de la vida de Juanito donde Dios tenía que ejercer una cirugía drástica. Le diré, a Juanito no le gustaba su trabajo de ventas. Y no perdía oportunidad de hacer saber a cualquiera que "los clientes son caprichosos, los proveedores son informales, y mi empresa es insensible". Juanito era muy negativo en cuanto a todo lo relacionado con su profesión.

Aprender acerca de su trabajo

Pues bien, un día estaba Juanito leyendo en el libro de Colosenses y se encontró con estos versículos:

> Todo lo que hagáis, hacedlo de corazón, como para el Señor y no para los hombres; sabiendo que del Señor recibiréis la recompensa de la herencia, porque a Cristo el Señor servís (Col. 3:23–24).

Entonces, tal como le habían enseñado en su cursillo "Cómo estudiar la Biblia", Juanito leyó en las citas de referencia (otros pasajes que hablan de lo mismo) que su Biblia tenía junto al versículo. Este otro versículo también parecía aplicarse a su trabajo:

> Siervos, obedeced a vuestros amos terrenales con temor y temblor, con sencillez de vuestro corazón, como a Cristo; no sirviendo al ojo, como los que quieren agradar a los hombres, sino como siervos de Cristo, de corazón haciendo la voluntad de Dios; sirviendo de buena voluntad, como al Señor y no a los hombres (Ef. 6:5-7).

Para cuando había terminado de revisar estos versículos, se estaba sintiendo culpable por su actitud hacia su trabajo y su jefe. Pero queriendo ser minucioso, leyó una última cita:

> Si, pues, coméis o bebéis, o hacéis otra cosa, hacedlo todo para la gloria de Dios (1 Co. 10:31).

No pasó mucho tiempo antes de que la gente empezase a escuchar a Juanito comentar sobre los grandes clientes que tenía, el maravilloso servicio que le ofrecían sus proveedores, ¡y qué tremenda empresa era la suya! ¿Quién había cambiado? ¡Puede que todos! ¿Por qué? Porque Juanito había cambiado de actitud hacia su trabajo. Se había dado cuenta de que estaba trabajando como representante de Jesucristo. Así pues, iba al trabajo con una actitud gozosa. Sí, Juanito había cambiado, y parece que su cambio afectó también a todos los demás. Y ¡Oh maravilla! ¡Sus ventas crecieron!

Este relato acerca de Juanito nos lleva a nuestra siguiente prioridad importante en la vida de un hombre que desea ser un esposo del tipo que Dios quiere: la de nuestra carrera o actividad profesional. Cuando he comentado acerca de Juanito, no he dicho nada de su familia, pero cuando estaba descontento con su trabajo, su familia sufría los efectos. Y no creo que su familia sea la única que se ve afectada por los problemas de un hombre en ese campo. ¿Cuánto ha pasado desde que tuvo usted "un mal día en el trabajo", llegó a casa, pateó al perro, gritó a su amada esposa e ignoró a sus queridos hijos?

Claro que estoy exagerando y sé que usted no obra así, pero también sé que cuando usted y yo tenemos un día aciago en el trabajo, nuestra frustración suelen sentirla los demás miembros de la familia. Por tanto, es importante que comprendamos mejor cómo encajan nuestros trabajos y actividades profesionales en el gran esquema de Dios para nosotros como esposos que queremos seguir su voluntad. Al hacerlo así, seremos mejores trabajadores, a la vez que mejores esposos y padres.

Hacer la voluntad de Dios

Lamento continuar escribiendo sobre Juanito, ¡pero nos proporciona unas ilustraciones tan buenas sobre la dedicación a nuestras actividades profesionales! Mientras Juanito leía el pasaje de Efesios 6:5–7, justo en medio de esos versículos se fijó en la expresión, "de corazón haciendo la voluntad de Dios" (Ef. 6:6). Él nunca antes había pensado en la verdad de que su trabajo y su actitud hacia el mismo fueran algo relacionados con la voluntad de Dios para su vida.

Percibir la voluntad de Dios. Durante años, a menudo han venido a mí hombres preguntando cómo podían "conocer" la voluntad de Dios. Me pedían ayuda para "encontrar" la voluntad de Dios para su vida. Pues bien, me alegraba decirles entonces, y a usted ahora, que la voluntad de Dios no se ha perdido. La voluntad de Dios no es una revelación mística que aparece lentamente solo después de muchas horas de contemplación. No, la voluntad de Dios está justo delante de usted. Dios dice claramente en Efesios 6:6 que su voluntad es que usted trabaje como si lo hiciese para el Señor, no para los hombres.

> La voluntad de Dios es que usted trabaje como si lo hiciese para el Señor, no para los hombres.

Bastante sencillo ¿no? Qué apasionante expectativa saber que cuando cada día va al trabajo está usted, en esa área de su vida, cumpliendo la voluntad de Dios. La conciencia de estar trabajando para Dios debería bastar para mantenernos motivados en el trabajo. Pero hay algunas razones más que nos motivan, como...

Proveer para su familia. Desde el primer día de su creación, el hombre (Adán) tuvo que trabajar. Inicialmente el trabajo del hombre era únicamente para los propósitos de Dios, no para la provisión propia. Eso es porque Dios se encargaba de las necesidades del hombre (Gn. 1:29). Pero después de la "caída" del hombre en el pecado, el trabajo de Adán adquirió un enfoque mucho más desesperado. Dios dijo, "... con dolor comerás de ella todos los días de tu vida ... Con el sudor de tu rostro comerás el pan" (Gn. 3:17–19). Y amigo, la "maldición" de Adán nos alcanza a usted y a mí hoy como esposos. La responsabilidad de proveer para nuestra esposa e hijos recae sobre nuestra espalda. Y cuando trabajamos "de corazón, como para el Señor" (Col. 3:23), nuestra familia sale beneficiada. Cumplimos la voluntad de Dios y, como resultado, Dios es glorificado.

Mostrar una actitud de siervo. A través de mi vida y mis varias actividades profesionales, he deseado a veces ser grande, no en el sentido autoritario, sino en el de ser bueno en lo que hacía. Primero quería ser un gran farmacéutico. Después ser un gran agente comercial. Más tarde anhelaba servir a Dios como un gran ministro, quizá como un gran líder cristiano. Muchos hombres creen que la grandeza viene de tener riqueza, autoridad y poder. Pero la grandeza —en su acepción bíblica— viene de ser un siervo. Los discípulos de Jesús consideraban la grandeza como señorío más que como servicio. Ese era el modelo en su tiempo y, como seguramente usted también diría, es el modelo también de nuestros días. Escuche la explicación de Jesús que determina la verdadera grandeza:

> Entonces Jesús, llamándolos, dijo: Sabéis que los gobernantes de las naciones se enseñorean de ellas, y los que son grandes ejercen sobre ellas potestad. Mas entre vosotros no será así, sino que el que quiera hacerse grande entre vosotros será vuestro servidor, y el que quiera ser el primero entre vosotros será vuestro siervo (Mt. 20:25–27).

¡Subráyelo bien! La grandeza, según Jesús, viene al ser un siervo. Cuando usted provee para su familia, les está sirviendo. Este es su gran acto de servicio. Y su servicio debería extenderse más allá de su familia, así que propóngase de corazón que mostrará una actitud de siervo a todo el que se encuentra en su trabajo. Vea su actividad laboral como una oportunidad única para "ministrar" y servir en el campo en que está más dotado.

Jesús, el más grande de los hombres, no vino "para ser servido, sino para servir y dar su vida en rescate por muchos" (v. 28). ¡Eso sí es grandeza! Que la nuestra sea una profesión de "servicio". Ponga más de lo que toma en la vida de los demás.

Proclamar su fe. Cuando trabajamos para Dios y el bien de nuestra familia, y cuando servimos a otros, cumplimos además la voluntad de Dios al hacer pública nuestra fe. Para la mayoría de los hombres, incluido yo, es difícil a veces hablar de nuestra fe cristiana. Si a usted le cuesta ponerse de pie en cualquier lugar y expresar sus creencias, le irá muy bien el último capítulo de este libro, "Alcanzar a otros". Pero de momento intente esforzarse al máximo en lo que hace. Intente hacer su trabajo "de corazón, como para el Señor" (Col. 3:23). Entonces, cuando la gente empiece a interesarse por saber por qué es usted así y por qué tiene esa actitud de servicio, podrá decirles que es por Jesucristo y porque Él controla su vida. Esto, amigo mío, es lo que significa "hacerlo todo para la gloria de Dios" (1 Co. 10:31).

Piense en su actitud como siervo y en su productividad en el trabajo como una plataforma no verbal para proclamar sin palabras a Cristo a un mundo expectante.

Por desgracia, había algunos hombres en los tiempos bíblicos que no hacían su trabajo de corazón. ¡De hecho, no siquiera trabajaban! No solo estaban dejando de proveer para sus familias, sino que estaban dando mal testimonio de la fe cristiana. Por eso Pablo advierte a todos los hombres, "si alguno no provee para los suyos, y mayormente para los de su casa, ha negado la fe, y es peor que un incrédulo" (1 Ti. 5:8).

Como he dicho, consideraremos su testimonio verbal en el último capítulo, pero ahora quiero que piense en su actitud como siervo y en su productividad en el trabajo como una plataforma no verbal para proclamar sin palabras a Cristo a un mundo expectante. Jesús lo expresó mejor: "Vosotros sois la luz del mundo; una ciudad asentada sobre un monte no se puede esconder... Así alumbre vuestra luz delante de los hombres, para que vean vuestras buenas obras, y glorifiquen a vuestro Padre que está en los cielos" (Mt. 5:14, 16).

Aplicarse a progresar en su carrera profesional. ¿Sabía que el término *vocación* procede de una palabra latina que significa "llamamiento"? En los tiempos antiguos, los hombres veían su profesión o trabajo como un llamado de Dios. Si usted y yo considerásemos como llamamiento de Dios nuestra actividad profesional, ¡podríamos llegar a ilusionarnos más con hacer el camino al trabajo cada día! Este pensamiento nos lleva de regreso a la voluntad de Dios. Si es usted desgraciado en su trabajo, como lo era Juanito, o si está aburrido en su labor o siente pánico a tener que volver cada día al trabajo, entonces Dios le está hablando. Puede que Él quiera cambiar el trabajo en que usted se encuentra, o más probablemente, como en el caso de Juanito y de la mayoría, Dios quiere cambiar su actitud.

"Se ve más verde la grama..."

Deje que le pregunte: ¿Conoce a alguien en su lugar de trabajo, incluyendo usted, que esté verdaderamente contento con su labor? Apuesto a que responderá: "¡No muchos!" En su aspiración a conseguir lo que desean, la mayoría de la gente no está contenta con sus trabajos ni con la labor que desarrolla. En sus corazones pueden estar pensando, *Se ve más verde la grama en el jardín de los vecinos*. ¿Qué razones puede haber para su insatisfacción?

Falta de propósito. Amigo, aparte de Jesús, no hay un verdadero propósito en la vida. Sin Cristo y sin propósito, el hombre vive meramente conforme al el lema del gladiador, "comamos y bebamos, que mañana moriremos". Pero con Jesús como su Salvador y fuerza de guía, usted tiene un propósito: "Hacer la voluntad de Dios", incluso en su trabajo. Si está usted proveyendo para su familia, sirviendo a otros y trabajando como para el Señor, entonces debería estar contento con su trabajo. Eso no quiere decir que no cambie jamás de trabajo. Simplemente significa que es feliz con lo que de momento es, hasta que cambie el propósito de Dios para su vida. Eso es contentamiento.

Falta de entendimiento. Cuando un hombre no entiende lo que Dios desea para su vida, corre el riesgo de caer en la trampa del materialismo. Sé que en tiempos pasados estuve falto de entendimiento. Yo estaba "ahí fuera" intentando conseguir las "cosas" que pensaba que me harían feliz a mí y más rica a mi familia. Pero estaba todo el tiempo frustrado y descontento. Sentía que algo estaba mal, pero no parecía percatarme de qué era. ¡Me encontraba como en dando vueltas a una rueda de molino y no sabía cómo salir! La comprensión de que el verdadero propósito de Dios para su actividad profesional es una oportunidad de servirle a Él, a su familia y a los compañeros de trabajo producirá en usted un corazón de contentamiento.

Falta de obediencia. Otros hombres cristianos han caído en la trampa del materialismo por otras razones: Quieren mantener un estilo de vida que halague su carne, impresione a sus vecinos, infle su ego, ¡y satisfaga sus antojos! Les gusta "vivir a toda pastilla". Y en muchos casos, lo han dejado todo atrás, incluso sus matrimonios, para tener éxito en sus carreras profesionales. Incluso cuando alguna persona que se preocupa por ellos les advierte de su desobediencia, prosiguen su avance en el camino de la destrucción.

Leí hace poco este trágico relato de un hombre así, descrito por un apesadumbrado amigo:

> No hace mucho perdí a uno de mis mejores amigos por su carrera. Fue algo que nos destrozó a todos. Su carrera se convirtió en una obsesión tal que perdió todo lo demás en su ascenso hacia el éxito: Su esposa, dos hijos pequeños y su fe. Y por cierto, ni siquiera consiguió triunfar... Todo empezó con trabajar más y más horas para subir en la escala profesional de su empresa.[14]

El autor que escribió este caso sigue diciendo que su amigo vino a él en medio de su crisis y le pidió ayuda. Pero cuando el autor le aconsejó, "Lo mejor que puede hacer para salvar su vida y su matrimonio es dejar el trabajo. Prefiero verle barriendo las calles y viviendo en un apartamento —volviendo con su familia e iglesia— que en el trabajo que ahora tiene con todos sus beneficios",[15] lamentablemente, su amigo optó por su trabajo y acabó divorciado de su familia y viviendo una mentira del diablo. Era un retrato de la desobediencia voluntaria. Había perdido de vista su propósito y la voluntad de Dios.

Recordar su propósito

Leí una vez un libro titulado *God's Forgetful Pilgrims* (Peregrinos olvidadizos de Dios). ¡Ese título describe mi vida en otro tiempo! Puede escucharme cuando le digo que no cuesta mucho obtener el título de peregrino que se olvida de Dios. Es fácil estar tan envuelto en nuestra actividad profesional que olvidamos a Dios y su propósito para nuestra vida. ¿No ha tenido usted con los años ningún período de lapsus de compromiso espiritual? Gracias a Dios que incluso cuando podemos "olvidarnos" de Él, Él no se olvida de nosotros (Sal. 105:8). Pero algo que Dios *sí* olvida es nuestro pecado: "Cuanto está lejos el oriente del occidente, hizo alejar de nosotros nuestras rebeliones" (Sal. 103:12). Ahora mismo es un buen momento para detenerse y agradecer a Dios que nunca le haya dejado. ¡A qué gran Dios servimos!

¿Por qué no hace también un compromiso ahora mismo para, con la ayuda de Dios, no volver a olvidar el propósito divino para su vida? Sea lo que sea lo ocurrido en el pasado no es más que eso, el pasado, y Dios le ha perdonado. Ahora es tiempo de que desee aspirar a lo mejor para su vida, lo que implica también su carrera profesional. Al realizar este compromiso, puede que necesite tomar algunas decisiones drásticas en cuanto a sus hábitos laborales, su actitud hacia el trabajo y su propia actividad profesional.

Equilibrar su vida

Si se compromete usted en una o dos cuestiones relativas a su actitud y tal vez incluso al enfoque de su trabajo y su carrera, ¡le felicito! No es fácil comprometerse, especialmente si requiere darle la vuelta a algunas cosas. ¡Pero espero que lo haya hecho! ¿Se ha comprometido quizás a cambiar su actitud hacia su trabajo? Si lo ha hecho, le supondrá un serio esfuerzo luchar contra la carne durante el trabajo. ¿Su compromiso ha sido tal vez no permitir que su carrera sea algo tan absorbente? En ese caso, también le costará un esfuerzo considerable enfrentarse a su tendencia de dejarse consumir por el trabajo.

Así veo yo esta tensión: Dios quiere que el esposo provea para su familia, proclame su fe y siga el llamamiento de Dios en su carrera profesional, lo que significa que el hombre debe tener una actitud correcta y esforzarse al máximo. Pero al mismo tiempo, Dios no quiere que el esposo trabaje tanto que descuide su relación con Dios, con su esposa o con sus hijos. Pero ¿cómo es posible conjugar todo esto? La respuesta es: el esposo tiene que tener *equilibrio* en su vida laboral. ¿Cómo alcanza este equilibrio? Aquí hay algunas preguntas que se puede hacer:

- ¿Estoy pidiendo a Dios que me dé sabiduría para lograr el equilibrio entre mi vida profesional y mi matrimonio?
- ¿Estoy estudiando la Biblia para encontrar lo que Dios dice que debe ser ese equilibrio?
- ¿Estoy evaluando continuamente mi ética laboral? ¿Doy a mi patrón un trabajo razonable a cambio de un pago razonable?
- ¿Tengo el valor suficiente para sumar las horas que

empleo en el camino al trabajo, en el trabajo en sí, y en el trabajo en casa durante una semana laborable normal? ¿Revela el total si he dejado que mi trabajo sea demasiado absorbente?

- ¿Tengo el valor suficiente para preguntarle a mi esposa si piensa que mi cantidad de horas de trabajo está desequilibrada?
- ¿Tengo el valor suficiente para preguntarle a mi esposa si mi actitud respecto al trabajo es negativa y posiblemente afecte a mi relación con ella?
- ¿Tengo el valor suficiente para preguntarle a un amigo si piensa que mi vida profesional no está equilibrada con mi vida familiar?
- ¿Tengo el valor suficiente para pedirle a mi jefe una valoración de mi ética de trabajo y que me sugiera algunas cosas a mejorar?
- ¿Continúo creciendo en mi trabajo actual? ¿Estoy creciendo vocacionalmente para prepararme para enfrentar los propósitos de Dios para mi vida en el futuro, sea que pueda eso incluir un trabajo diferente o un ascenso?

Responder a estas preguntas le ayudará a moverse con éxito en el campo de minas que todo esposo tiene que atravesar en su camino hacia el equilibrio entre trabajo y familia. ¡Completar este ejercicio y realizar las elecciones correctas arreglarán también el camino para que coseche muchas ricas bendiciones!

Cosechar las bendiciones de trabajar

"Trabajo", en todos sus usos, se menciona unas 350 veces en la Biblia. Es la voluntad de Dios que trabajemos. Y cualquier carrera profesional que usted y yo consideremos voluntad de Dios para nuestras vidas demandará trabajo duro para ser exitosa.

Charles M. Schwab, el gran magnate del acero, es famoso por sus "Diez Mandamientos del Éxito". ¿Cuál es el primero? El señor Schwab coloca el trabajo duro al principio del decálogo. Decía, "El trabajo duro es la mejor inversión que un hombre puede hacer".

Tomás Alba Edison, el gran inventor, negaba ser un genio. Atribuía más bien su éxito al trabajo con dedicación. Rara era la noche que dormía más de cuatro horas y a menudo se le veía echar una siesta o dos durante el día. Decía que el exceso de sueño "lo vuelve a uno torpe, y se pierde tiempo, vitalidad y oportunidades".

Hoy día, nuestra cultura tiene ideas diferentes a las del pasado acerca del trabajo. No solo se ha dormido la sociedad en su fibra moral, sino también en su compromiso por la excelencia en el puesto de trabajo. Mucha gente quiere que se le dé todo sin trabajar por ello, o no acepta trabajar duro para conseguirlo. Pero usted, como hombre conforme al corazón de Dios, es diferente. Usted entiende el propósito y las prioridades de Dios para su vida. Trabaja duro para Dios y para su gloria, no para los hombres. ¿Y qué clase de bendiciones puede recoger de esa clase de obediencia en su trabajo?

Primero, será bendecido al saber que está cumpliendo la voluntad de Dios en su vida. Con solo eso debería haber bendición de sobra, pero hay más...

Segundo, será bendecido al saber que su esposa comparte con usted las bendiciones de Dios. Piense en esto: Como cabeza de su hogar, su obediencia o desobediencia afecta también a la vida de su esposa. Por eso es tan crucial nuestra obediencia.

Tercero, será bendecido al saber que está sacando lo mejor de sí mismo realizando su trabajo para el Señor. Conocerá la satisfacción que produce el sentirse orgulloso de la excelencia de su trabajo.

Hermano, si trabaja duro, entiende la voluntad de Dios y vive sus propósitos y sus prioridades para su vida, proveerá para su familia, será el mejor en su ramo, y progresará en su carrera profesional. Será usted una "luz sobre una colina". Y cumplirá usted la voluntad de Dios para su vida. Estas y más bendiciones serán suyas... cuando usted se dedique a su vida profesional a la manera *de Dios*.

Detalles que transforman

1. Sea positivo.

Si tiene trabajo ¡tiene mucho por lo que estar agradecido! Le costea las facturas, al menos las necesidades, e incluso sus deseos. Y hasta puede que sea un trabajo de su agrado. Además, si está constantemente aprendiendo sobre su trabajo y cómo mejorar en él, estará siempre ilusionado y creciendo en lo que hace. Y aparte de todo lo anterior, ¡Dios es su jefe (Col. 3:22–24)! En su oficina ya hay suficientes quejosos y llorones que odian su trabajo y suelen influenciar a los demás para que sean tan desgraciados como ellos. De modo que ¡esté gozoso! Así destacará entre los demás y tendrá una oportunidad de compartir a Cristo cuando la gente quiera saber por qué es usted tan positivo.

2. Sea puntual.

Se dice que el 90 por ciento del éxito es "presentación". Y podría añadir, presentarse temprano. Ser puntual es una disciplina. ¿Ha caído caer en el mal hábito de llegar tarde? ¿al trabajo? ¿a las reuniones? ¿a las citas con el médico? (¡Usted ya me entiende!) Si es así, tiene que tratar drásticamente con ese aspecto de su vida. Esta disciplina le colocará a la cabeza de su colectivo profesional. También mostrará que piensa usted en los demás y no en sí mismo. Ser puntual expresa mi aprecio por usted y su tiempo. Ser puntual es también un asunto de motivación, automotivación. ¿Quién está a cargo de su vida y su agenda? ¡Usted! Por tanto, en primer lugar reconozca la importancia de la puntualidad, tanto para su profesión como para su testimonio cristiano. Después, adelante todos sus relojes cinco o diez minutos. Ese suele ser el tiempo que la mayoría de gente se retrasa en sus citas. (Y fíjese: este "pequeño" ejercicio se ocupará de la mayor parte de sus retrasos).

3. Sea un alumno perpetuo.

Ser alguien que está siempre aprendiendo no se refiere solo a la carrera profesional. Le será de gran ayuda en su profesión si quiere usted aprender nuevas habilidades para su trabajo. Pero si es usted un alumno en todas las áreas de su vida, estará siempre creciendo tanto personal como profesionalmente. Verá a todos como maestros: Sus compañeros, su jefe, sus padres, sus profesores y especialmente su esposa. ¿De quién aprender y escuchar mejor que de la persona que le ama incondicionalmente, confía firmemente en usted, lo sigue fielmente y se preocupa como nadie por su actividad profesional? Su esposa puede ser su mejor maestro si la deja. Ella puede enseñarle cómo amar, cómo cuidar y cómo servir. Todos esos elementos son necesarios en el hombre cristiano para dedicarse a su carrera profesional, por no mencionar lo importantes que son para ser un esposo conforme al corazón de Dios.

4. No posponga.

¿Qué dice el famoso eslogan? *Just do it*, "hágalo", y yo añadiría, "hágalo... ¡ya!" Pregúntese, ¿por qué estoy aplazando un proyecto? ¿Parece demasiado agobiante? Pues rómpalo en pedazos pequeños. O como reza otro dicho: "¿Cómo se comería un elefante? Trocito a trocito". ¿Está aplazando su proyecto porque no sabe dónde empezar y es demasiado orgulloso para preguntar? Tráguese su orgullo y pida consejo. Entonces, cuando llegue el éxito, asegúrese de reconocer la ayuda de quienes le han aconsejado. Dejar las cosas para más tarde, como la impuntualidad, es un mal hábito que puede ser vencido. Una sugerencia: la próxima vez que alguien le pida hacer algo, grande o pequeño, siéntese y confeccione una lista de toda la gente y materiales que necesitará para llevar a término el proyecto. Inmediatamente después haga algo, lo que sea, aunque sea "poca cosa", para estar en marcha. Ese es el impulso que usted necesita. Una vez haya comenzado, encontrará más fácil proseguir hasta la meta.

5. No se lleve el trabajo a casa.

Usted trabaja duro en su empresa ocho o diez horas al día. Pero al final de la jornada, sigue habiendo más trabajo por hacer. ¡Es una ley de todos los trabajos! ¿Cuál es la solución? ¿Llevárselo a casa? ¡Error! Esa respuesta puede ser buena para la compañía, pero mala para la familia. ¿Cuántas horas está usted despierto en casa después de todo?

¿Cinco o seis al día? Su esposa e hijos merecen cada precioso minuto de su escaso tiempo. No venda esos pocos minutos a su empresa. Deje tanto el trabajo mental como el físico en la oficina. Hay otra ley más: "El trabajo se expande para llenar el tiempo que se le asigna". Por tanto, asigne "trabajo" para ser realizado en el lugar de trabajo. No se permita entrar en el hábito de pensar que siempre le queda la "oficina en casa" como un plan de respaldo cuando necesita recuperar tiempo porque ha hablado demasiado por teléfono, ha salido a comer con los colegas, o ha empleado demasiado tiempo jugando en la red mientras estaba en el trabajo. Trabaje duro y acabe antes de la hora de estar con su familia. Cuando después llegue a casa, su esposa y su familia lo tendrán a usted de una forma total. ¿Y no se lo merecen?

10

Divertirse juntos

Levántate, oh amiga mía, hermosa mía, y ven.
CANTAR DE LOS CANTARES 2:13

Por si no se había dado cuenta, este libro incluye algunos consejos y contenidos bastante graves. Sé que me estoy repitiendo, ¡pero el matrimonio es un trabajo duro! Elizabeth y yo llevamos cuarenta años casados, y seguimos teniendo que trabajar diariamente nuestra relación. Ambos somos personas creativas y, puesto que trabajamos en casa como escritores que tratan temas importantes y siempre con fechas límite de entrega, la situación se puede poner bastante seria. Así que a veces nos detenemos... y nos damos un paseo por el bosque, o remamos un poco por el lago en nuestra pequeña barca. Entonces, si queremos pasar un rato divertido, nos vamos a una librería y nos pasamos horas buscando y mirando. Y casi nunca compramos nada. Ya ve, la diversión está en el mirar y rebuscar juntos.

Pero ¿y usted? ¿Ha tenido algún tiempo de esparcimiento últimamente? Antes de responder, deje que añada un detalle: ¿Ha tenido algún tiempo de diversión últimamente *con su esposa*? Sé de muchos hombres que tienen toda clase de diversiones. El problema es que ninguna de esas actividades las disfrutan con su esposa o su familia... y ese es el tema de discusión de este capítulo.

Dios quiere que usted se divierta... de veras

Los cristianos, y concretamente las parejas cristianas, deberían ser los más divertidos, los de risa más sonora, los de mejor humor, y los que mejor disfrutan de la vida. ¿Por qué? Vamos a evaluar las razones por las que su esposa y usted deberían pasarlo bien en su matrimonio.

Primero, los dos iniciaron su relación en un contexto de diversión. De eso trata el salir juntos y construir una relación: Construir una amistad y disfrutar de la compañía mutua en el proceso. Usted no puede haber sido muy diferente de Elizabeth y yo. Estoy seguro de que, como nosotros, usted y su amada aprovecharon e hicieron divertida cada oportunidad de estar juntos. De hecho, ¡los dos lo pasaban tan bien y disfrutaban tanto de la compañía del otro que decidieron casarse y continuar con ese placer! ¿Qué ha pasado, pues? ¿Le han "aguado la fiesta" las cargas y preocupaciones de la vida de casado? En ese caso, las opciones que usted, su esposa, o ambos, tienen es detenerse y procurar diversión.

Segundo, el fruto del Espíritu es gozo (Gá. 5:22). Cuando como cristiano anda en el Espíritu, debería haber gozo en su vida. Obviamente está el gozo de su salvación, el gozo de la vida eterna, y el gozo de que el Señor es su fuerza (Neh. 8:10). Pero debería disfrutar también el gozo de la vida, de vivir, y especialmente el gozo que procede de tener una relación de por vida con su esposa. Creo que esa es la emoción que experimentó Adán cuando Dios le trajo a Eva. Dijo: "Esto es ahora hueso de mis huesos y carne de mi carne; ésta será llamada Varona, porque del varón fue tomada" (Gn. 2:23). ¿Puede usted sentir el gozo de Adán? Puede imaginar la diversión que Adán y Eva habían disfrutado mientras retozaban por el Jardín de Edén sin preocupaciones? Si recuerda, ¡ese es el mismo género de gozo que su esposa y usted experimentaban en los primeros días de su matrimonio!

Tercero, la Biblia dice que la risa, el alborozo, y pasarlo bien son como medicina. Hay salud en tener un corazón alegre, en reír un poco y divertirse. Es la receta de Dios para el amargo mundo en que vivimos:

> El corazón alegre hermosea el rostro; Mas por el dolor del corazón el espíritu se abate (Pr. 15:13).
>
> Todos los días del afligido son difíciles; Mas el de corazón contento tiene un banquete continuo (Pr. 15:15).
>
> El corazón alegre constituye buen remedio; Mas el espíritu triste seca los huesos (Pr. 17:22).

Y *cuarto,* está el gozo de haberse casado con la más hermosa y maravillosa mujer del mundo: Su esposa. Usted se casó con ella porque disfrutaba al estar en su compañía. Tenía cualidades, dones y capacidades que usted admiraba. Por eso quería usted estar cerca de ella. Le ofrecía gozo y felicidad. Y sin excederme en lo personal, también creo que está el gozo de su unión sexual. Así debería ser. Dios diseñó que el hombre y la mujer lo pasasen bien en su vida sexual. Dios habla repetidamente de la relación sexual entre esposos de una forma que sugiere que en la pareja deben disfrutar el uno del otro sexualmente. Por ejemplo:

> Sea bendito tu manantial, Y alégrate con la mujer de tu juventud, Como cierva amada y graciosa gacela. Sus caricias te satisfagan en todo tiempo, Y en su amor recréate siempre (Pr. 5:18–19).

> La vida ya es bastante seria, así que si ha perdido su sentido del humor, ¡es hora de encontrarlo!

Le interesará leer el libro de Cantar de los Cantares de Salomón en su Biblia y adquirir una mejor comprensión del gozo y la intimidad que Dios diseñó para la relación matrimonial. Capte el diseño de Dios de cuánta diversión quiere Él para la pareja, sea en el dormitorio o corriendo en el campo. Imagine la diversión que Salomón y su desposada tenían cuando él deseaba llevársela sin demora:

> Levántate, oh amiga mía, hermosa mía, y ven (Cnt. 2:13).

Y el sentido de anticipación de ella al responder

> Ven, oh amado mío, salgamos al campo, Moremos en las aldeas. Levantémonos de mañana a las viñas; Veamos si brotan las vides, si están en cierne, Si han florecido los granados; Allí te daré mis amores (7:11–12).

Un lugar para el humor

En su épica obra sobre el liderazgo espiritual, J. Oswald Sanders dedica una sección completa al humor como cualidad esencial para el liderazgo y afirma lo siguiente:

> Puesto que el hombre está hecho a imagen de Dios, su sentido del humor es un don de Dios y encuentra su equivalente en la naturaleza divina. Pero es un don que necesita tanto ser controlado como cultivado. El humor limpio e íntegro relajará la tensión y aliviará una situación difícil mejor que cualquier otro remedio. Será de valor incalculable en un líder, tanto por lo que le favorece como por lo útil que puede ser en su labor.[16]

El humor, como dice Sanders, puede jugar un papel importante en el liderazgo, ya tenga que ver con el funcionamiento como líder espiritual en casa o con dirigir una reunión de la junta de su trabajo. La vida ya es bastante seria, así que si ha perdido usted su sentido del humor ¡ya es hora de que lo encuentre!

¿Qué pasó con la diversión?

Permítame que haga una pausa de un minuto y haga algunas elucubraciones sobre lo que estoy diciendo. Soy consciente de que la vida tiene un lado serio. Ya seamos usted o yo hombres mayores o más jóvenes, tenemos que ser "sobrios" o "formales" (Tit. 2:2, 6). Ser esposo y líder en nuestro hogar es una gran responsabilidad. No deberíamos nunca tomarla a la ligera. Pero eso no significa que desterremos la diversión de nuestra vida, especialmente de nuestros matrimonios. Me he referido a esto antes, pero creo que los dos hemos tenido grandes momentos de diversión durante el período en que salíamos en pareja y cuando cortejábamos a nuestras prometidas. Esta misma atmósfera de diversión continuó durante una temporada en el matrimonio. Pero con el paso del tiempo, puede haber disminuido. ¿Cuál (o cuáles) de estas "preocupaciones" puede estar quitando el gozo de nuestras vidas?

- *¿La presión de una economía limitada?* Resulta duro reír cuando el dinero no llega a final de mes. Las preocupaciones de la responsabilidad económica de un matrimonio pueden fácilmente oprimir toda la maravillosa diversión que tenían de novios. Puede olvidar que la mayor parte, si no la totalidad, de esa diversión era gratis. ¿Qué puede hacer para restaurar ese ambiente? Por ejemplo, ¿cuánto vale dar un paseo por el parque?

- *¿La tensión de trabajar los dos?* Sé que eso era un problema cuando Elizabeth y yo acabábamos de casarnos. Ella trabajaba en turno de día y yo por la noche. Es difícil tener diversión íntima... ¡o de cualquier otro tipo!... cuando nunca estamos juntos.

- *¿La tensión de un nuevo bebé?* Una pareja sin hijos es libre de ir y venir a su gusto sin compromisos. Pero añada un pequeñito y parece que se detiene buena parte de la diversión. ¡No es muy divertido dar el biberón de madrugada!

- *¿La presión de una carrera profesional?* En el último capítulo, hablamos sobre la presión que puede venir de su patrón del trabajo. Por ejemplo, puede usted sentirse como si su empresa quisiera que todo su entretenimiento estuviese en el trabajo y no en casa, y que todas las demandas de su trabajo terminen con sacarle de casa. También es posible que su presión proceda de que su esposa también trabaja. Entonces estoy seguro de que sabe de sobra lo difícil que es encontrar momentos de diversión si sus profesiones los mantienen separados gran parte del tiempo.

- *¿El problema de la familiaridad?* (¿O debería decir, falta de familiaridad?) Veamos... ¿cuánto hace que se casaron? Parece que, conforme pasan los años, muchas parejas pasan menos tiempo juntos. Si usted y yo podemos hacer un esfuerzo por la diversión con objeto de mantener nuestros matrimonios frescos y vigorosos, los haremos volverse más cálidos. Si no seguimos alimentando una relación más íntima con nuestras esposas, es fácil volvernos conformistas hacia nuestras cónyuges.

La gran amistad que disfrutábamos en los inicios de nuestro matrimonio, con toda su diversión, puede convertirse en un lejano recuerdo. Las opciones son que si usted no puede recordar la última vez que su esposa y usted se divirtieron juntos, entonces están metidos a fondo en un matrimonio estropeado.

- *¿El aprieto de una mala salud?* A veces puede considerarse la diversión como algo propio de cuando se está joven y saludable. Sin embargo, la diversión, el gozo, el humor —llámelo como quiera— es una disposición mental, una actitud. Si pasarlo bien, en todos los buenos sentidos de la expresión, es importante para su bienestar y el de los suyos, especialmente su esposa, entonces debe usted cultivar un corazón alegre. ¡Es algo contagioso! E incluso cuando uno de los dos o ambos se encuentren mal de salud, la diversión podría ser "lo que recetó el doctor".

Así que, insisto, ¿qué preocupaciones pueden haber sacado la diversión de su matrimonio? Saqué esta lista de preocupaciones al evaluar mi propia vida, pues son las que han robado mi gozo en diferentes momentos de mi matrimonio. Estoy casi seguro de que hay varias que usted también podría mencionar. Así que la cuestión es ¿cómo puede recuperar algo de esa diversión del pasado?

Recuperar la diversión

He aquí un pensamiento clave para usted mientras lee este capítulo sobre conseguir tiempo para divertirse: pídale a su esposa que le comente algunas cualidades que la atrajeron a usted. Apuesto a que una de ellas era su naturaleza divertida. Su entonces futura esposa se sentía feliz junto a usted. La hacía reír. Siempre sabía que se iban a divertir cuando salían juntos.

¿He acertado? Así era para mí en aquellos tiempos de noviazgo con Elizabeth. Mi apodo era Jim "Sonrisas". ¡Era alegre hasta la irresponsabilidad y me aseguraba que cada cita fuese una bomba! Pues bien, ahora es el momento de que usted recuerde qué es lo que hacía para cultivar la diversión en su incipiente relación con su esposa en aquellos tiempos. ¡Es hora de que saque ese ahora dormido "corazón alegre" de la hibernación y recupere la diversión con su esposa!

Y al recordar cuánta diversión disfrutaban su esposa y usted en sus primeros años juntos, recuerde que esa diversión comportaba un precio: el tiempo. Tiene que estar dispuesto a conseguir tiempo para la diversión. En el pasado usted pensaba que divertirse era importante para su relación con su amada, ¿por qué no iba a serlo hoy? No me gusta repetirme tanto, pero tal como hemos coincidido en los capítulos anteriores, si algo es importante, tiene que apartar tiempo para ello... y este "ello" incluye la diversión.

¿Dónde empiezo?

Espero que el recuerdo de cómo disfrutaban usted y su esposa en otro tiempo haya sacudido su memoria y agudizado su deseo de recuperar la diversión en su matrimonio. Pero en el caso de que se esté usted sintiendo un poco oxidado al recordar *cómo* se divertían, aquí tiene algunas sugerencias.

- Para empezar a divertirse, recuerde alguna de las cosas que usted y su amada hacían cuando salían juntos. Algunas de esas actividades pueden estar un poco desfasadas o ser físicamente difíciles hoy, o imposibles de repetir, así que puede que tengan que improvisar un poco o modificar sus opciones.

- Siguiente paso, pregúntele a su esposa cuál es su idea de la diversión. ¿Con qué disfruta? ¿A dónde le gustaría ir? Acto seguido, asegúrese de hacer alguna de esas cosas o ir a uno de esos lugares (¡incluso si no es lo que más le divierte a usted!)

- Pregunte después a otros hombres de la iglesia qué hacen con sus esposas para divertirse. Si es usted como muchos otros, puede que no resulte demasiado creativo, así que querrá recibir todas las sugerencias posibles en este aspecto, de modo que puede...

- Dar un paso más y ser creativo. Sorprenda a su esposa con alguna actividad divertida tan pronto como pueda. Continúe después apareciendo con ideas para pasarlo bien regularmente. Aquí tiene algunas ideas para ponerse en marcha:

Vayan juntos a un museo. Puede sonar algo aburrido, pero si hace tiempo que no lo intentan, echen una ojeada. (¡Seguramente a su esposa le encantará ir al Salón de la Fama del Béisbol o al de los *Cowboys* o al Museo de Historia del Oeste!) Estará probablemente tan cansada de ser la "coordinadora social" de los dos que cualquier cosa que usted proponga será una carga menos de coordinación para ella. Por eso, créame, ¡si usted lo programa, ella irá!

Jueguen juntos. Recientemente, Elizabeth y yo estuvimos en un precioso hotel. Mientras caminábamos junto a la zona de la piscina en dirección a la cafetería, nos quedamos mirando a una pareja jugando a un juego de mesa. Mientras otras parejas dormían o leían en silencio en butacas separadas, esos esposos estaban riendo y hablando y pasándoselo bien jugando. ¿Cómo están sus habilidades en el juego de las damas? ¿Por qué no les quita el polvo para este viernes por la noche?

Desarrollen una afición o practiquen un deporte juntos. Sé de muchas parejas de amigos que juegan al golf o al tenis. Es su afición en común. Pero su pareja de entretenimiento no tiene que costarle nada. ¿Y si van de excursión o caminan juntos? O si uno de ustedes no puede o no quiere tanto movimiento, intente desarrollar una afición común como la jardinería, el coleccionismo, la fotografía, cocinar o viajar, aunque solo se trate de viajes de un día por su ciudad o región.

> Cuando pasen tiempo de diversión juntos, su matrimonio adquirirá una profundidad e intimidad totalmente nuevas.

Sirvan al Señor juntos. Por ahora, mencionaré este esfuerzo conjunto solo de paso porque queremos cubrir el ministrar juntos como pareja en el próximo capítulo. Pero en las décadas que llevamos casados, Elizabeth y yo hemos tenido alguna gran diversión cristiana sirviendo juntos en iglesias y campamentos, y con misioneros por todo el mundo. ¡Qué bien se pasa sirviendo al Señor juntos! De hecho, podría ser la más gratificante diversión de todas... porque tiene valor eterno y bendice a otros por el camino.

Divertirse juntos es como muchas otras cosas que hace usted en la vida: cuesta ponerse en marcha, pero una vez echa a andar, es mucho más fácil continuar. Tómese el tiempo y haga el esfuerzo de empezar a tener un tiempo de esparcimiento juntos de nuevo. Entonces verá qué cambios se notarán en su matrimonio. Cuando se diviertan juntos, su matrimonio adquirirá en su totalidad una nueva profundidad e intimidad.

¿Cuál es el ingrediente perdido?

Cuando miro alrededor y observo los matrimonios de mis amigos, colegas y vecinos, veo matrimonios en diferentes etapas y grados de vitalidad. Por supuesto, todo matrimonio cristiano saludable está funcionando sobre el fundamento de un amor por Jesucristo y un deseo de servirle. Son uniones sólidas, como deben ser. No hay excusa para un matrimonio tambaleante cuando Cristo es la fuerza que guía a los dos miembros.

Pero hay un ingrediente que ha desaparecido en algunos de esos matrimonios "modelo". Los cónyuges parecen estar meramente yendo hacia la salida. No hay vida ni energía en su relación. Luego, por otro lado, están las parejas que se divierten. Siguen disfrutando de la compañía del otro. Están haciendo cosas juntos y son grandes amigos. Están experimentando el sentir del versículo que exclama, "Tal es mi amado, tal es mi amigo" (Cnt. 5:16). Y, como resultado, su matrimonio es un gran anuncio de la realidad del gozo de vivir por y en Cristo.

¿Qué es lo que falta entonces en algunos matrimonios que está presente en otros? ¿Por qué un matrimonio se muestra tan vivo mientras otro parece moverse a duras penas? Seguro que hay muchos factores que contribuyen a la diferencia de energía y gozo entre las parejas. Pero en algunos matrimonios, supongo que la diferencia puede radicar en el ingrediente perdido de la diversión. Si usted percibe que falta algo de buena, íntegra, diversión cristiana en su relación con su esposa —el tipo de diversión que hemos estado explorando en este capítulo— entonces póngase la meta de apartar tiempo para la diversión, resueltamente, con toda su voluntad y de forma definitiva. ¡Será un tiempo bien empleado!

Detalles que transforman

1. ¡Desconecte el televisor!

Déjeme puntualizar esto diciendo, "Desconecte el televisor una noche a la semana". La televisión es una "pequeña cosa" con la que muchos hombres tienen problemas. Figúrese... antes de la televisión, las parejas pasaban sus tardes hablando, planeando viajes y vacaciones, leyendo y hasta jugando al ajedrez, las damas u otros juegos. La televisión ha arrebatado todo esto y sustituido el calor de la participación personal y la diversión con entretenimientos impersonales. Llámela "noche de juegos" o "noche en familia", y programe una noche por semana durante la cual el propósito es la diversión juntos como pareja o con su familia, sin la distracción de la televisión.

2. Planee una salida semanal.

Esta es una "pequeña cosa" que vale la pena repetir una y otra vez hasta que usted empiece a comprender y apreciar lo importantes que son esos momentos. Piense simplemente en la diversión que tenían como pareja cuando eran recién casados. Su universo constaba solo de ustedes dos, y frecuentemente eran capaces de hacer espontáneamente alguna que otra locura. ¡Pero esos días felices no tienen que considerarse terminados para siempre! Planifique un fin de semana con esa locura. Apártese de las distracciones del trabajo y el hogar. Tengan un tiempo de esparcimiento simplemente estando juntos. Eso hará maravillas en su matrimonio.

3. Pídale a su esposa sugerencias para el Departamento de diversión.

Su esposa también recuerda todos esos tiempos de diversión en que los dos estaban juntos al principio de su matrimonio. Pídale sugerencias sobre qué le gustaría a ella hacer para pasarlo bien una tarde o un fin de semana. Puede que le sugiera algunas actividades que usted no vea divertidas, pero esté dispuesto a algunas concesiones mutuas. Usted va al centro comercial con ella y ella al campo de béisbol con usted. Eso está bien ¿no? Pero tenga presente que, sugiera lo que sugiera, es algo importante para ella. Y si lo es para ella ¡también debería serlo para usted!

4. Lea un libro cristiano de chistes.

"Oye, cariño, ¿sabes aquel que dice...?" A veces tenemos que esforzarnos en tener un tiempo de diversión. La vida se pone bastante seria en ocasiones. La lectura de un libro cristiano de chistes ayuda a calentar motores y hace que la vida parezca un poco menos agobiante. Leer ese libro juntos como pareja puede ser aun más divertido. Como cristianos tienen el "gozo del Señor" y usted y su esposa pueden disfrutar juntos de diversiones como buenos chistes limpios, y la risa y la intimidad se encienden comentándolos juntos. Entrénese en confiar en Dios y mirar la cara alegre de las cosas cuando la vida se pone un poco demasiado tensa. Dios está al control ¿por qué preocuparse? Tenga algún tiempo de esparcimiento cada día. Eso es contagioso. Lo primero que sabe es que tanto usted como su esposa pueden reír con más facilidad, incluso en los tiempos difíciles. Hay un dicho que reza así: "Ría y el mundo reirá con usted. Llore, y estará llorando usted solo".

Y una posdata: Memorice algunos de los chistes y cuénteselos a sus compañeros de trabajo. ¡Comparta su gozo y un poco de lo que le divierte con otros que tan desesperadamente necesitan un rayo de sol en sus vidas!

5. Planee una actividad divertida para esta semana.

¿Cuándo fue la última vez que su esposa y usted salieron juntos? ¿Tal vez a un museo? ¿O un paseo por el parque? ¿Incluso un partido? Programe llevársela a algún lugar divertido esta semana. Ella está siempre bajo la pesada carga del cuidado de la familia y el hogar. Y si también trabaja fuera de casa, estará agobiada. Así que apártela de algunas de esas preocupaciones durante unas horas. Tome la iniciativa y planee una noche fuera o una aventura especial de sábado. Cree algo divertido para ella. Eso les proporcionará una perspectiva renovada para cuando vuelvan a la rutina de la casa y el trabajo.

6. Planifique unas vacaciones de familia.

Dése cuenta de que el foco está sobre *usted*. Demasiados esposos dejan a su esposa hacer todo o casi todo el programa en lo que se refiere a la familia, incluyendo las vacaciones. Tiene usted que tomar posesión del Departamento de Diversión. De modo que préstese a planificar las próximas vacaciones. Escuche lo que aporte su esposa, pero confeccione usted el plan. Y asegúrese de que programa algunas actividades divertidas, como detenerse a contemplar el ovillo más grande del mundo, o una visita a la fábrica que produce la salsa Tabasco... ¡o un salón de helados! ¡Apuesto a que su esposa casi no podrá esperar a que empiece la diversión!

11

Servir al Señor

Escoged hoy a quién habéis de servir: ...
pero yo y mi casa, serviremos al SEÑOR.
Josué 24:15, BLA

¿Alguna vez ha pasado con una pareja cristiana un día que le proporcionó una dosis enorme de nuevo aliento? Pues esta fue la experiencia que Elizabeth y yo tuvimos recientemente con nuestros viejos amigos Roberto y Patricia. Ellos eran una gran inspiración para nosotros cuando pasábamos un día juntos. Son una pareja especial, han servido fielmente a los "santos de más edad" en nuestra antigua iglesia durante más de quince años. En este día de compromisos a corto plazo, Roberto y Patricia son ejemplos brillantes de fidelidad como pareja y como cristianos.

Hace unos años, cuando Roberto servía en la iglesia, se le pidió unirse al equipo del Ministerio del Evangelio Amigos de Israel. ¡Qué decisión tenía que tomar! Unirse a ese ministerio significaría obtener un sueldo sensiblemente inferior, dejar un trabajo seguro de más de veinte años y empezar en un ámbito ministerial extraño para él. Pues bien, como es habitual en él, Roberto oró con intensidad y perseverancia... y decidió que esta oportunidad era la dirección de Dios para su vida y la de Patricia. Tres años después, su ministerio los trajo hasta nuestra área y quisieron juntarse con nosotros. Y es en Roberto en quien pienso como ejemplo para nuestro siguiente tema: Servir al Señor como pareja.

Mi amado compañero, esposo conforme al corazón de Dios, nos estamos acercando al final de nuestro tiempo juntos. Pido a Dios que haya sido usted desafiado al considerar diez de los "Doce aspectos importantes en su matrimonio". Hasta aquí hemos aprendido acerca de...

- Crecer en el Señor: El esposo que Dios quiere anda conforme al corazón de Dios.
- Trabajar en equipo: El esposo que Dios quiere capitanea con éxito su "equipo" matrimonial.
- Aprender a comunicarse: el esposo que Dios quiere mantiene abierta la línea de comunicación.
- Disfrutar de la intimidad: El esposo que Dios quiere se esfuerza en amar a su esposa
- Administrar el dinero: El esposo que Dios quiere es un fiel mayordomo de los recursos de Dios.
- Mantener la casa: El esposo que Dios quiere reconoce la prioridad de su hogar.
- Educar a los hijos: El esposo que Dios quiere es un buen ejemplo para sus hijos.

- Ofrecer amor a toda la familia: El esposo que Dios quiere cultiva su amistad con padres y suegros.
- Dedicarse a su actividad profesional: El esposo que Dios quiere trabaja para Dios, no para el hombre.
- Conseguir tiempo para divertirse: el esposo que Dios quiere cultiva un corazón alegre.

Y ahora mi amigo Roberto nos proporcionará el undécimo elemento de la lista de "doce aspectos" que importan en un matrimonio: servir al Señor. (Y podría añadir que en este caso se trata en realidad de Roberto *y* Patricia... porque nuestro tema es servir al Señor *juntos*).

Entender el servicio.

Empezaremos considerando en un par de páginas el servicio al Señor en pareja. Pero primero asegurémonos de comprender lo que la Biblia enseña acerca del servicio.

Nuestro servicio es algo que se espera. Bud Wilkinson, el legendario entrenador del equipo de fútbol americano de la Universidad de Oklahoma entre 1947 y 1963, describió una vez su deporte como "50.000 personas que necesitan desesperadamente ejercicio observando a 22 hombres que necesitan desesperadamente descanso". Por desgracia esa es la situación de la mayoría de las iglesias de hoy. Hombres con dones espirituales se sientan en los bancos para observar a un puñado de otros hombres servir en los diversos ministerios de la iglesia. Como los 50.000 espectadores del partido de fútbol, demasiados cristianos tienden a sentarse en las bandas en asientos acolchados y animar a los que están sirviendo a Dios de corazón.

Amigo mío, no es eso lo que Dios quería que fuese la iglesia. Como cristianos, somos salvados para servir, y Dios espera ese servicio. El apóstol Pablo lo explicó de esta manera: "Somos hechura suya, creados en Cristo Jesús para buenas obras, las cuales Dios preparó de antemano para que anduviésemos en ellas" (Ef. 2:10). Un cristiano que no está sirviendo es tan poco eficaz como un automóvil bloqueado. ¡Un automóvil en esa posición es inútil! Y hablando de inutilidad, un gran violinista, Niccolo Paganini, legó su elegante violín a la ciudad de Génova, Italia, con una condición: nunca más se usaría ese violín. Era un obsequio destinado a la conservación... no al servicio. ¡Pero ese no es el caso para usted ni para mí como cristianos! Somos dones que Dios ha entregado a la iglesia con el propósito de dar un servicio útil y beneficioso.

Nuestro servicio tiene que ser de dedicación exclusiva. ¿Ha intentado alguna vez trabajar para dos jefes a la vez? Yo lo intenté cuando tuve dos trabajos en mis años de seminario... ¡y no es fácil! ¿Por qué? Porque tendía a dar prioridad a uno en detrimento del otro. No podría atender a dos o tres caminos diferentes al mismo tiempo. Las palabras de Jesús sobre el servicio único:

> Ningún siervo puede servir a dos señores; porque o aborrecerá al uno y amará al otro, o estimará al uno y menospreciará al otro. No podéis servir a Dios y a las riquezas (Lc. 16:13).

Si se parece en lo más mínimo a mí, tendrá usted que

elegir diariamente a quién va a servir. ¿Será a los dioses de las pasiones y placeres? ¿Los dioses de la avaricia? ¿O será al único verdadero Dios? Tenemos que decidir cada día —incluso cada minuto— a qué "dios" serviremos. No puedo evitar mencionar de nuevo un versículo que mencioné en un capítulo anterior. ¿Recuerda el desafío de Josué a los hijos de Israel y su resolución personal cuando les habló? Que nuestro corazón sea como el de Josué:

> Escoged hoy a quién habéis de servir: si a los dioses que sirvieron vuestros padres, que estaban al otro lado del río, o a los dioses de los amorreos en cuya tierra habitáis; pero yo y mi casa, serviremos al SEÑOR (Jos. 24:15, BLA).

Nuestro servicio tiene que ser sacrificial. Me encanta leer sobre la vida de David en el Antiguo Testamento. Muchos hombres piensan que la religión es "cosa de mujeres", que un hombre de verdad no necesita a Dios. Pero David demostró justo lo contrario. Está muy claro que David era un hombre cabal. Luchó contra leones y osos. Se enfrentó a un gigante de casi tres metros. Conquistó una extensa región. Y aún así David tenía un corazón para Dios. Era el modelo original de hombre conforme al corazón de Dios (Hch. 13:22). Era un excepcionalmente fuerte hombre de Dios con una excepcionalmente fuerte fe. Ese es el tipo de equilibrio que usted y yo querríamos. Quiero que usted (y yo) sea un hombre que ama a Dios por encima de todo, un espo-

> El servicio que importa es un servicio que cuesta.

so que ama con pasión a su esposa, un trabajador y proveedor que se maneja en su profesión con celo, y un hombre de iglesia que sirve a Dios con intensidad. ¡Eso es un hombre de verdad!

De todas formas... hacia el final de su vida, David quería comprar un trozo de tierra en concreto para usarlo en el ofrecimiento de sacrificios al Señor. Pero el propietario de la tierra dijo al respecto, "No, sino que ciertamente por precio te lo compraré, pues no ofreceré al SEÑOR mi Dios holocausto que no me cueste nada" (2 S. 24:24, BLA).

Aquí, David nos da otro principio básico sobre nuestro servicio a Dios: El servicio que importa es un servicio que cuesta. Piense en ello. A las cosas que se nos regalan les damos menos valor que a las que nos han costado algo. La única diferencia es que en la vida cristiana nuestra salvación no nos ha costado nada. Más bien diremos que le costó todo a Dios, al enviar Él a su Hijo Unigénito para pagar el precio de nuestra salvación. ¿No cree que deberíamos estar dispuestos a sacrificar un poco en nuestro servicio para nuestro Señor Jesucristo, el que dio tanto por nosotros? Pablo lo expresó así: "Os ruego por las misericordias de Dios, que presentéis vuestros cuerpos en sacrificio vivo, santo, agradable a Dios, que es vuestro *culto racional*" (Ro. 12:1)

> La parte más difícil para ponerse en marcha en el servicio es siempre la disposición.

Nuestro servicio ha de hacer bien a otros. El cuerpo de Cristo, la Iglesia, funciona mucho mejor cuando servimos a otros miembros de la iglesia. Dios nos ha dado capacidades espirituales o, como dice la Escritura, "manifestación del Espíritu" (1 Co. 12:7). Estas capacidades espirituales son dones dados por el Espíritu de Dios a todos los creyentes (v. 11) "para provecho"(v. 7). Dios no solo nos ha salvado generosamente por su gracia, sino que también nos ha llamado a servirle y hacer bien a otros (Gá. 5:13), y nos ha dotado con la capacidad espiritual para cumplirlo. ¡A qué gran Dios servimos!

Ponerse en marcha

Si ya está usted sirviendo a Dios y a su pueblo, estupendo. Manténgase en ello. Pero si no, la pregunta que debería hacerse a continuación es, "¿cómo empiezo a servir?"

Yo le diría, en primer lugar, que *esté informado*. Lea la Biblia para adquirir una mejor comprensión de qué son y cómo obran los dones espirituales. Comience con la lectura de 1 Corintios 12 y Romanos 12:3–7. Averigüe todo lo que pueda sobre esas "capacidades". Y, en segundo lugar, *esté dispuesto*. La parte más dura de ponerse en marcha en el servicio es siempre la disposición voluntaria. Dios no va a obligarle a servirle. No, servir a Dios es su elección. Así que ¿cuál va a ser su elección? Lo que me lleva al siguiente paso: *esté disponible*.

Dios ha usado estos tres pasos en mi vida. Cuando me pregunté: "¿Por dónde empiezo?" Dios trajo a mi vida a hombres que podían ayudarme a entender y desarrollar los dones espirituales que él me había entregado. Y en cuanto estuve dispuesto a servir a Dios, presenté mi disponibilidad a mi iglesia local. Empecé mi servicio lavando las cazuelas y sartenes en las reuniones sociales y presentándome en los "días de trabajo solidario" de los sábados por la mañana. Entonces, a medida que me formaba y crecía espiritualmente, me dieron otras responsabilidades. Y al ser fiel Dios me llevó a mayores ámbitos de servicio. Yo estaba dispuesto a servir, di el tercer paso y me puse disponible en forma práctica. Dios hizo entonces el resto.

¿Sabe usted que fue lo más apasionante de todo este proceso para mí? Mi esposa también estaba aprendiendo a servir. Conforme yo iba creciendo en mi don de servicio, Elizabeth estaba también creciendo espiritualmente. No imagina qué gran bendición fue para nuestro matrimonio crecer juntos y aprender también a servir juntos.

Un ejemplo de primera

Vayamos con Aquila y Priscila. No tenemos sitio para un estudio completo sobre esta asombrosa pareja de la Biblia, pero déjeme ofrecerle un pequeño repaso de su vida de servicio como pareja.

- *Estaban disponibles*. Aquila y Priscila son mencionados en tres diferentes capítulos de la Biblia.[17] en cada mención se les encuentra listos, dispuestos y capacitados para hacer lo necesario para ayudar al apóstol Pablo y hacer avanzar la causa de Cristo a medida que la iglesia se va extendiendo a nuevos territorios.

- *Eran hospitalarios.* Hospedaron a Pablo durante un año cuando llegó a la ciudad de Corinto (Hch. 18:1-3). Abrieron también su casa para la nueva iglesia en Éfeso (1 Co. 16:19), y de nuevo más tarde en Roma (Ro. 16:3–5).

- *Eran expertos.* Habiendo vivido y trabajado con el gran apóstol Pablo durante todos esos años, seguro que Aquila y Priscila estaban bien versados en la Escritura. Casi puedo escuchar a Aquila, "Pablo ¿qué quiere decir este texto?" En cierta ocasión, un hombre llamado Apolos estaba enseñando en la iglesia. Aquila y Priscila estaban escuchando, y algo parecía no ser del todo correcto o completo en su enseñanza. De manera que esta experta pareja llevó aparte al predicador (posiblemente durante la "comida del domingo") y "le expusieron más exactamente el camino de Dios" (Hch. 18:24–26).

- *Eran valientes*. Ser cristiano en los primeros días de la iglesia era algo peligroso. Había abundante persecución de creyentes por parte del gobierno romano y de los grupos religiosos paganos de cada lugar. El propio Pablo fue a menudo golpeado, apedreado, encarcelado y maltratado. Escuche su valoración de esta maravillosa pareja y su impagable servicio cuando confiaban en Dios sin ningún miedo y resistían la persecución: "Saludad a Priscila y a Aquila, mis colaboradores en Cristo Jesús, que expusieron su vida por mí; a los cuales no sólo yo doy gracias, sino también todas las iglesias de los gentiles" (Ro. 16:3-4).

Está claro que los dos miembros de este matrimonio estaban comprometidos con servir a Dios juntos. ¡El hecho de que el gran apóstol Pablo los recomendara ante todas las iglesias es un testimonio del impacto que una pareja puede tener al servir juntos!

Servir en pareja

Estimular el crecimiento de su esposa

Situémonos ahora en su matrimonio hoy. Tal vez sea usted un esposo cuya esposa está quedándose atrás espiritualmente. Puede que su falta de interés se deba a la pereza, o a una profesión absorbente, o a las constantes demandas de una "manada" de niños pequeños. Pero sea cual sea la razón, el caso es que no está creciendo en el Señor.

Por su parte, usted está listo para crecer... ¡y va adelante! Le apasiona leer y estudiar la Biblia. Desea leer tantos libros como pueda acerca de la vida cristiana y el matrimonio (¡como este!) ¡Está listo para lo que Dios quiera hacer con y mediante usted! Está deseoso de servir y le encantaría poder hacerlo junto a su esposa.

Amigo, ¡eso me suena! Yo mismo me encontré una vez exactamente en esa situación. Menos de una semana después de que Elizabeth fuese cristiana, me presenté en la cocina y anuncié, "Creo que Dios me está llamando al ministerio". Imagine. Mi esposa hacía solo unos días que había aceptado al Señor. Todavía estaba tratando de hacerse a la idea de lo que significaba ser mujer, esposa y madre cristiana a un mismo tiempo. ¡Y ahí estaba yo diciéndole además que iba a ser la esposa de un pastor! Bueno, mi impaciente amigo, saque una página de mi libro. Si su esposa no está espiritualmente en el mismo lugar que usted o donde usted piensa que ella debe estar, ceda un poquito. ¡Los dos se alegrarán de que lo haya hecho!

Haga memoria de su crecimiento espiritual. ¿Cuánto tiempo pasó hasta que puso completamente su atención en Dios? ¿Un año? ¿Cinco? ¡Ya está claro! Tenga paciencia con su esposa. ¡Dios la tuvo con usted! Empiece a orar fielmente por su crecimiento espiritual. No descuide la asistencia juntos a la iglesia cada semana. Anímela con tanta amabilidad como sea posible a integrarse en un estudio bíblico para señoras. Asegúrese de continuar usted mismo en su propio crecimiento. Sea el mejor, el más amante y piadoso esposo que pueda... y confíe en que Dios hará el resto.

Dios mediante, un día su amada se unirá a un estudio bíblico de mujeres o indicará de alguna manera que está lista para empezar a crecer. O tal vez, como en mi experiencia con Elizabeth, se presentará un día en la cocina y le dirá, "¿Cuándo vas a matricularte en el seminario? ¿No dijiste que querías entrar en el ministerio?"

Estimular su propio crecimiento

Hay otro posible escenario para la relación entre esposos, y entre ellos y el servicio cristiano. A medida que siga leyendo verá que esta es la situación de demasiados matrimonios cristianos. ¿Lo estará describiendo a usted?

En este escenario, usted, el esposo, está quedándose atrás espiritualmente. Tal vez usted vino a Cristo después que su esposa. Ella había tenido años para crecer en su fe y estaba ya participando en el servicio al Señor. Por su parte, usted apenas está empezando y no está muy seguro de lo que supone ser cristiano. Y en lo que respecta al servicio, está muerto de miedo. ¿Qué hacer entonces?

Con los años he observado tres respuestas de los esposos que se encuentran en esta situación.

Respuesta No. 1: Desertor. El esposo desertor ve que su esposa va por delante de él espiritualmente y se siente como rendido y fracasado. Débilmente razona, *ella me lleva tanta ventaja que nunca la alcanzaré. ¿Para qué intentarlo? Iré a la iglesia y aprenderé lo que pueda, pero es imposible alcanzarla. ¡Y además supone mucho trabajo! Aparte de eso, mi trabajo me toma mucho tiempo. No tengo tiempo para estudiar como mi esposa.*

¿Ha tenido usted pensamientos como esos? Pues bien, no está solo. Hay muchos colegas esposos en la misma situación. Y para acabar de arreglarlo, la mayoría de las mujeres con esposos que se han enfriado espiritualmente empiezan ellas también a dejar la lucha, esperando y orando que sus esposos "reciban el fuego" y comiencen a crecer y servir al Señor. Este esposo es pasivo en su apoyo al servicio de su esposa. Está desanimado y simplemente renuncia al esfuerzo de la carrera cristiana o, en el mejor de los casos, se estanca en su vida cristiana.

Respuesta No. 2: Freno. La segunda respuesta viene del esposo que se ve intimidado por la madurez de su esposa y se llega a sentir tan amenazado que empieza a minar los esfuerzos de su esposa para servir a Dios. Demora su crecimiento personal y espera egoístamente hacer descender a su esposa hasta su propio nivel de madurez (¿o debería decir inmadurez?). Suena como la táctica propia de un no creyente, pero conozco cristianos culpables de frenar a sus esposas de forma *activa*. De hecho, conozco un hombre que está siempre maquinando proyectos para tener a su esposa tan ocupada que no pueda tener tiempo para servir a Dios. Su último proyecto fue comprar un negocio y ponerla a ella al frente mientras él se dedica a "otras" cosas.

Respuesta No. 3: Un paso adelante. Este es el esposo que toma la decisión correcta. Decide que él también tiene que servir a Dios y hacer algo al respecto. Da el paso y pide ayuda a hombres más maduros de la iglesia. Se pone a disposición de la iglesia y se presenta cuando hay alguna oportunidad de servicio. Decide empezar a leer y estudiar la Biblia. Incluso le pide a su esposa que le ayude en un ministerio en pareja. Este es el auténtico esposo conforme al corazón de Dios. Da un paso adelante y elige servir a Dios.

Servir de todo corazón

Tres hombres y tres respuestas. ¿Cuál de esos ejemplos coincide con usted? Es usted el que se rinde, el que frena a la esposa o el que da un paso adelante?

Si cree sinceramente que es un esposo de los que da el paso, quiero alabar su crecimiento y servicio. Mantenga el buen trabajo. Continúe sirviendo con todo su corazón. Es usted un género del que andamos muy necesitados. ¡Ojalá crezca su tribu!

Y si ha respondido que es usted un desertor o un causante de retraso, quiero agradecerle su sinceridad. Cuesta admitir que uno no está espiritualmente donde debiera. Admitirlo es un buen comienzo, porque ¡un problema identificado es un problema medio resuelto!

Así que, mi valiente amigo, tiene que dar un paso firme adelante y acercarse a su intercesora esposa y ser sincero con ella como lo ha sido conmigo. Dígale que, con la ayuda de Dios y el apoyo de ella, ya tiene deseos de servir al Señor. Pídale que ore por usted. Pídale sugerencias para empezar a servir. Acto seguido dé un paso firme más y concierte una entrevista con su pastor o algún líder de la iglesia y pregunte sobre áreas en las que usted pueda empezar a servir al Señor. Querido hermano, si está dispuesto, se convertirá en un hombre que crece en el Señor, ama a su familia *y* sirve al Señor. ¡Será un hombre y un esposo conforme al corazón de Dios!

Roberto y Patricia. Aquila y Priscila. Estas parejas se entregaron completamente en su servicio a Dios. Quiera Dios que sean para usted un estímulo tan grande como lo han sido para mí. Que tanto usted como yo tengamos un corazón que se aproveche totalmente para servir a nuestro Señor. Y que la inclinación de nuestros corazones hacia el Señor sea tan tentadora e irresistible que nuestras esposas estén encantadas de unirse a nosotros en el servicio al Señor.

Detalles que transforman

1. Busque oportunidades para servir.

Para la mayoría de la gente el servicio a otros no llega de forma natural, especialmente para los varones. A veces pensamos para nuestros adentros: *Dios me ha colocado en una función de liderazgo. Y como líder, los demás me sirven, incluyendo a mi esposa... mis hijos... mis subordinados en el trabajo... incluso los ministros de la iglesia.* ¿Es un razonamiento correcto? ¡No, es erróneo! Jesús, Dios encarnado, el mayor líder que jamás haya habido, no pensó ni actuó ni vivió de esa manera. Vino a servir a los demás (Mt. 20:28). Y usted también debería tener esa manera de pensar.

Pídale a Dios que le dé un corazón de siervo. Pídale que le abra los ojos a cualquier cosa que pueda hacer para servir en su iglesia. ¿Ayudar en un día de trabajo solidario? ¿Limpiar después de una reunión social? ¿Ayudar en la escuela dominical? La tarea no tiene que ser de alta categoría ni dificultad. De hecho, cuanto menos atractiva, mejor será. Después asegúrese de ser fiel en su servicio. Recuerde, sirve al Señor Jesús (Col. 3:24)

Este capítulo ha tratado acerca del servicio al Señor y a su pueblo, es decir, en la iglesia. Pero también tiene que servir a su pueblo que vive con usted, su esposa e hijos. ¿Qué pequeña cosa" puede hacer para servir a su esposa hoy? ¿A sus hijos? ¿A sus padres o suegros?

2. Sirva en pareja.

Servir como equipo de esposos es una muy buena manera de aumentar su eficacia para el cuerpo de Cristo. Cada uno de ustedes aporta especiales dones, capacidades y experiencias juntos como pareja. Descubra en qué ministerios de la iglesia pueden servir como pareja. ¿En el ministerio de jóvenes o de niños? ¿Con los ancianos? ¿Cuidando a los más pequeños durante los cultos? Y aquí le doy otra idea: ¿qué le parece si en lugar de sus próximas vacaciones planean y preparan un breve viaje misionero estival de dos semanas? Es un servicio sacrificado... ¡y una aventura! El servicio al Señor y a su pueblo conlleva su recompensa, pero servir juntos hace que sea doblemente satisfactorio. ¡Y doblemente divertido!

3. Aliente a su esposa en su servicio.

Su esposa es una persona maravillosa. Tiene su propio y exclusivo conjunto de dones, capacidades y talentos. Tiene un corazón bondadoso y un espíritu generoso, y no quiere poner en peligro sus prioridades de ser esposa y madre. Por tanto puede estar reticente a servir fuera de casa. Es usted un hombre afortunado con tan sobresaliente y piadosa esposa. Pero ella tiene mucho más que ofrecer al cuerpo de Cristo y a su iglesia: sus dones espirituales, su corazón generoso, su mente organizativa y sus talentos especiales. Siga ayudándola a mantener su vida en equilibrio y, sin poner en peligro sus funciones maternales y conyugales, anímela a encontrar un ámbito de servicio. ¿Cómo puede usted animar a su esposa en su servicio esta semana? Programe hablar los dos pronto sobre ello, pero mientras...

1. Ofrézcase a cuidar de los niños mientras ella ayuda en el seminario de los sábados para mujeres.
2. Refuerce su deseo de enseñar en una clase de mujeres o niños.
3. Provea dirección en su desarrollo de los dones espirituales.
4. Dé apoyo de alabanza y oración cuando ella da el paso hacia el ministerio.
5. Sea usted mismo un ejemplo de servicio desinteresado. Eso será su mejor estímulo... y modelo.

4. Sea fiel en las "pequeñas cosas".

Lo bueno del servicio es que puede usted comenzar a servir hoy: esta es una "pequeña cosa". No necesita ninguna preparación para empezar a servir al Señor. Es una "pequeña cosa" lavar el piso en la iglesia, recoger después del culto dominical, ayudar en las reparaciones de la iglesia. Ninguna de esas "pequeñas cosas" requiere un cursillo de seis semanas. Así que empiece sirviendo en las "pequeñas cosas".

Y, a medida que crece en su fe y adquiere una mejor comprensión de sus dones espirituales y es fiel sirviendo en las "pequeñas cosas", crecerá también en su capacidad para el servicio. Con esa creciente capacidad puede venir la necesidad de más preparación. (¡Ahí es donde viene bien el curso de seis semanas!) Pero su servicio al Señor y su pueblo empieza con ser fiel en las "pequeñas cosas". ¿Acaso no enseñó Jesús eso en cuanto al progreso cristiano? "Bien, buen siervo y fiel; sobre poco has sido fiel, sobre mucho te pondré; entra en el gozo de tu señor" (Mt. 25:21).

12

Testificar a otros

Y me seréis testigos en Jerusalén, en toda Judea, en Samaria, y hasta lo último de la tierra.
HECHOS 1:8

En cierta ocasión alguien le preguntó a un hombre de negocios, "¿A qué se dedica?"

"Soy cristiano", respondió el hombre.

"No, creo que no me ha entendido, me refiero a cuál es su trabajo", dijo el otro.

La respuesta fue la misma: "Soy cristiano".

Con un indicio de frustración, el hombre insistió. "Lo que intento decir es cómo se gana la vida"

"Mi ocupación a pleno tiempo es la de ser cristiano, pero para pagar de los gastos de la vida soy contable", replicó.

¿Cómo respondería usted a la pregunta de a qué se dedica? Para la mayoría de los hombres cristianos, la respuesta sería contar qué hacen para pagar los gastos de la vida".

> Ore para que, mostrando usted una conducta conforme a la imagen de Cristo, ellos respondan a Dios.

Pero tal vez se pregunte por qué estoy terminando un libro sobre el matrimonio con un capítulo que habla de alcanzar a otros. Pues bien, como sabe, hemos estado considerando doce aspectos importantes de la vida de un esposo conforme al corazón de Dios. Y no se me ocurre ninguna actividad más importante para un hombre de Dios que la de alcanzar a otros con las buenas nuevas de Jesucristo. Considere este pensamiento: Cuando su querida esposa y usted unen sus manos... corazones... y pies... para llevar las buenas nuevas a los demás, viven una experiencia doblemente gratificante. Leí hace poco una lista de sugerencias para parejas que se titulaba "¿Qué nos acerca más a Dios?" Una de las sugerencias era "hablar de su fe".[18] ¡Eso ya es en sí una buena nueva! Y si alguna vez ha hecho falta tener buenas noticias, es ahora. El mundo está repleto de malas noticias. Leí recientemente un artículo con estos titulares, MALAS NOTICIAS: PERIÓDICO DE BUENAS NOTICIAS CESA POR FALTA DE MATERIAL. El artículo comenzaba,

> Como habrán visto, el periódico de "buenas noticias" de California cerró recientemente sus puertas porque el editor encontró que no había suficientes buenas noticias para darle contenido. El rotativo no pudo publicar su propia esquela porque, evidentemente, era una mala noticia.[19]

¿Por qué son "buenas nuevas" las noticias de Jesús? Son buenas noticias porque la muerte de Jesús por nuestros pecados nos ofrece libertad... libertad de la culpa, libertad de la soledad, libertad de una vida sin sentido, y libertad de la muerte, de la muerte espiritual. ¡Esas son buenas noticias! En palabras del apóstol Pablo, "¡Cuán hermosos son los pies de los que anuncian la paz, de los que anuncian buenas nuevas!" (Ro. 10:15). ¿Y qué pies son mejores que los suyos y los de su esposa para llevar esas buenas nuevas a sus seres queridos, sus vecinos y sus conocidos?

Llevar las Buenas Nuevas

En este momento, estoy presuponiendo que usted ha experimentado las buenas nuevas de Jesucristo en su vida, la libertad de Dios de la culpa, la soledad, la vida sin sentido y la muerte. Si no es como supongo y todavía no es usted un hijo de Dios, debería volver a leer la página 32. Tal vez sea este el momento en que usted experimentará la libertad de Dios a través de su Hijo Jesucristo. ¡Qué cambio tan radical supondrá para usted, su matrimonio y su vida!

Hablemos ahora de su verdadera ocupación, la de ser cristiano y el gozo que tiene al llevar las buenas noticias a los que le rodean. El gozo de compartir sobre su salvación se ve reforzado por este mandato de su Salvador:

> Y me seréis testigos en Jerusalén, en toda Judea, en Samaria, y hasta lo último de la tierra (Hch. 1:8).

Jesús mismo instruyó a sus primeros discípulos para ser sus testigos, e hizo extensiva esa instrucción a usted y a mí también. Para los primeros seguidores de Cristo, esa senda de testimonio tenía que empezar localmente en la ciudad de Jerusalén. Después tenía que expandirse a toda la región de Judea. Seguidamente, a la región vecina de Samaria. Y finalmente hasta el fin de la tierra. Amigo, esas son también hoy nuestras instrucciones de avance. Hemos de ser testigos de Jesús en *nuestra* Jerusalén, en *nuestra* Judea, en *nuestra* Samaria, y en *nuestro* mundo. ¿Y a quién hemos de alcanzar con estas buenas nuevas?

Alcanzar a su esposa

Mi compañero esposo, nos hemos pasado todo este libro hablando de alcanzar a su esposa ¿o no? Hemos aprendido que después de su relación con Dios, su más íntima relación debe ser con su esposa. Debe usted amarla sacrificadamente (Ef. 5:25). Tiene que vivir con ella de manera comprensiva y dándole el mayor honor (1 P. 3:7, BLA). No ha de olvidar que Dios le está pidiendo que la estime y vele por sus intereses, incluso a expensas de los propios (Fil. 2:3–4). Y debe usted servirle humildemente (Gá. 5:13).

Pero ¿y si su esposa no es creyente? En ese caso debería trabajar doblemente duro en su matrimonio y orar el doble tanto por su esposa como por su salvación. Tenga en mente que su matrimonio, sea creyente o no, es un pacto sagrado de Dios. Usted hizo unos votos ante Dios y declaró públicamente que se comprometería a vivir conforme a todo lo que hemos hablado en este libro. Y amigo, no importa lo mal que esté su hogar. Sigue teniendo la obligación de atraer con amor a su esposa. La Palabra de Dios dice, "Si algún hermano tiene mujer que no sea creyente, y ella consiente en vivir con él, no la abandone" (1 Co. 7:12).

Comentar una palabra de testimonio

La historia de mis primeros ocho años de matrimonio consiste precisamente en alcanzar a una esposa no creyente. Cuando conocí a mi pareja, ella no andaba con el Señor. Elizabeth era dulce, hermosa e inteligente. Y aunque no lo crea ¡yo le gustaba! Me enamoré locamente de esa belleza sureña... y ocho meses después de nuestra primera cita, nos casamos. Había solo un problema: ¡ella no era creyente! Y como usted supondrá, esos ocho años de matrimonio tuvieron sus altibajos. Como dice el chiste: "Si un hijo de Dios se casa con una hija del diablo, ¡ese hijo de Dios seguro que tendrá problemas con su suegro!"

Pero Dios es fiel incluso cuando somos infieles e incrédulos (2 Ti. 2:13). Un día mientras estaba en una clínica como representante farmacéutico, un fiel doctor cristiano me dio un libro. Estaba el hermano tan apasionado con su contenido que me lo entregó en su oficina mientras hablábamos. Yo (como buen vendedor) deseaba poder hablar del contenido de ese libro en la próxima visita, así que lo leí de inmediato. Las verdades presentadas acerca de Jesucristo en ese volumen me hicieron pensar en mi vida espiritual y en lo desviado que estaba. En cuanto lo terminé, se lo pasé a Elizabeth, esperando que lo leería. Pues bien, dos años después se puso finalmente a leerlo. Y cuando fue enfrentada con los hechos relativos a la persona de Jesucristo, ella se convirtió al Señor, ¡Gloria a Dios!

Descubrir la importancia de alcanzar a otros

¿Se ha dado cuenta ya de la importancia de alcanzar a otros? Un fiel doctor cuya ocupación real era la de ser cristiano me alcanzó a mí (y a muchos otros). Era un hombre muy franco acerca de su fe. Todo el que llegaba a su consulta recibía una muestra de literatura cristiana, música cristiana, y amor cristiano, tanto por su parte como por parte de su anciana enfermera, que también tenía como trabajo principal ser cristiana. Entonces llegué con el evangelio a Elizabeth. Después compramos diez copias de ese libro y lo pasamos a todas las personas que conocíamos en aquel tiempo. Y ahora alcanzamos a otros cada día.

¿Ve también lo importante que es atraer al evangelio a una esposa no salva? Quizá sea esta su situación. Tal vez usted vino a Cristo estando ya casado. Si es así, eso quiere decir que usted ha cambiado, pero ella está aún en "oscuridad" espiritual (1 P. 2:9). Lo que le digo, amigo mío, es que haga lo que hice yo. Pídale a su esposa que lea un libro cristiano, y esté dispuesto a leerlo con ella. Ore después para que responda positivamente a la verdad que está leyendo: como hizo mi esposa. Pídale que vaya a la iglesia con usted o vayan juntos de "compras eclesiales" los domingos, seguidas de un buen desayuno o una comida posterior. Conviértalo en un tiempo especial. ¡Y ore! Ore que Dios le use para alcanzarla con su verdad que cambia vidas y con sus buenas noticias. Ore para que Dios use su vida cambiada para alcanzarla como Él lo alcanzó a usted mediante otros. Ore para que, mostrando usted una conducta conforme a la imagen de Cristo, ella responda a Dios. Y por encima de todo, ¡jamás se rinda! Siga orando y extendiéndole la mano ¡a cualquier precio!

Puede que ahora se esté diciendo, "Esto no tiene que ver conmigo, porque mi esposa es creyente". En ese caso, dé cada día gracias a Dios por una esposa que conoce y ama al Señor. Yo he experimentado lo que es un matrimonio sin la esposa creyente y con ella, y cada día doy gracias a Dios por la transformación de nuestro matrimonio por causa de Jesucristo. De modo que, como ya he dicho muchas veces en este libro, no dé por sentado todo lo que tiene en su amante esposa. Asegúrese de expresar constantemente su aprecio por ella y de cultivar su relación de matrimonio.

Alcanzar a sus hijos

Muchos cristianos casados son bendecidos con una esposa fuerte que crece en el Señor. Su deseo es ser una esposa y madre como Dios quiere. Y puesto que es una cristiana tan experimentada y dedicada, el esposo tiende a delegarle la educación espiritual de los hijos.

Pero ese no es el diseño de Dios para un esposo y padre. Repito, dé gracias a Dios por su fiel esposa cristiana, pero dése cuenta de que la Palabra de Dios dice que usted debe participar en todos los esfuerzos para alcanzar a sus hijos y "criadlos en disciplina y amonestación del Señor" (Ef. 6:4). Los padres tienen también que ayudar a sus hijos y advertirles contra el mal: "Oye, hijo mío, la instrucción de tu padre"(Pr. 1:8). Y quien dio este consejo era padre: "Hijo mío, si recibes mis palabras, y atesoras mis mandamientos dentro de ti, da oído a la sabiduría, inclina tu corazón al entendimiento... entonces entenderás el temor del SEÑOR" (Pr. 2:1–2, 5, BLA).

Al reflexionar sobre mis días de padre, solo me queda dar gracias a Dios por su gracia. A causa de mis responsabilidades en la iglesia y mi participación en formación de pastores de otros países, pasaba mucho tiempo fuera. Pero siempre que estaba en casa daba absoluta prioridad a desayunar y tener el devocional con mi familia. Incluso si tenía que salir de noche para el ministerio, programaba esa actividad para más tarde de manera que pudiera cenar con mi familia. Y sin duda uno de los momentos más especiales para mí como padre era acostar a mis pequeños, conversar sobre el día que habían pasado, y orar con cada uno mientras se quedaban dormidos. Después, conforme crecían, mis chicas y yo teníamos especiales "citas de Coca cola". En esos momentos, cuando las emociones estaban tranquilas y las cosas podían considerarse con objetividad, las ayudaba a escribir cada una lo que la Biblia decía que debían buscar en un "amigo especial". Más adelante, esas listas llegaron a ser documentos importantes que Dios usó en sus vidas... todo ello porque di prioridad a "estar ahí" siempre que pudiera y a estar vitalmente dedicado a ellas siempre que fuera posible.

> Cada vez que usted y su esposa llevan el evangelio a otros, se están acercando aún más el uno al otro... y a Dios.

Sé que está usted ocupado, y sé que tiene muchas otras ofertas para ocupar su tiempo. Pero si pasa todo el tiempo que pueda con sus hijos tendrá en su vida las mayores alegrías y bendiciones. Así que le animo a convertir en prioridad el apartar tiempo para estar con sus hijos. Hable constantemente con ellos sobre el Señor. Relacione cualquier cosa de su vida con su fe cristiana. Padre creyente, *usted* es el mejor representante de Cristo ante sus hijos. Que vean que usted vive a Cristo. Que disfruten y saborear el regalo de su presencia y atención. Tengan largas, continuas conversaciones sobre cómo es la vida cristiana. No espere que sus hijos abracen su fe y se apropien de ella hasta que hayan visto en persona la fuerza de la fe y confianza que usted tiene en Dios.

Aquí tiene algunos "quehaceres" más para alcanzar a sus hijos. Ore con ellos y por ellos. Llévelos a la iglesia cada semana. Enséñeles la Palabra de Dios y el mensaje del evangelio en los tiempos devocionales y en las lecturas de antes de dormir. Sea su mejor amigo... porque con un amigo se puede hablar de todo, ¡incluso de Jesucristo! Entonces, Dios mediante, llegará el día en que sus hijos relacionen todas las cosas de la vida con la fe que tienen *ellos* en Cristo. Mientras sus hijos anhelan su atención, asegúrese, querido colega padre, de sacar provecho de los cortos años que Dios le da para alcanzarlos mientras están bajo su techo.

Alcanzar a sus vecinos

A menos que viva usted en una región remota de Montana o en alguna otra zona despoblada, seguro que tiene vecinos. Pero en nuestro mundo lleno de ocupaciones y prisas es fácil ignorarlos. Uno viene y va, saludando apenas con un movimiento de la mano o un leve hola por encima de la valla o la verja que separa sus casas. ¿Eso es lo que enseña la Biblia cuando dice "amarás... a tu prójimo como a ti mismo" (Lc. 10:27)? No lo creo. Tiene que reconocer que Dios en su soberanía lo ha colocado en su vecindad. Tiene que ver su vecindario como el más importante campo misionero.

Esta pregunta es para usted: ¿Qué haría si fuera misionero en un país extranjero y deseara alcanzar a la gente con el evangelio de Jesucristo? Empezaría a construir relaciones con sus vecinos para así poder algún día hablar de su salvación en Cristo con ellos ¿no? Pues bien, ¿sabe una cosa? No tiene por qué ir a un país extranjero para servir como misionero y ser su testigo. Usted ya es misionero para la gente de al lado. ¡Y sin tener que aprender otro idioma! Por tanto, trabaje en equipo con su esposa y hagan un esfuerzo para alcanzar a sus vecinos. Ore en familia por ellos mencionando sus nombres. Invítelos a su casa. Permítales que observen su matrimonio y su vida familiar.

Eso es lo que pasó con Roberto y Tomás. Vivían dos puertas más abajo de nosotros. Los pusimos en nuestra lista de oración, llegamos a ellos y nos hicimos amigos. Los teníamos en nuestra casa muchas veces. Un día Roberto me pidió que le hablara de mi "filosofía" de educación de los hijos. Fue entonces cuando empecé a presentarle lo que la Biblia dice sobre ese tema... ¡y sobre muchas otras cosas! No pasaron muchos meses hasta que Roberto y Tomás, con sus tres hijos, fueron a la iglesia con nosotros. Y no mucho después se convirtieron en cristianos, la familia al completo. ¡Gloria a Dios!

Es cierto que la mayoría de los vecinos no cruzan de buena gana la puerta de una iglesia para escuchar el mensaje de la Biblia. Por eso debe usted llevar la iglesia y su mensaje hasta ellos. De hecho, usted es la única Biblia que algunos de sus vecinos leerán jamás. Asegúrese de hacer algo más que "intercambiar unas palabras" cuando está con sus vecinos, y cumpla su parte para alcanzarlos con el mensaje de salvación.

> Habla usted del tiempo
>   Y de cómo está el campo;
> Habla de vecinos y amigos
>   por la calle paseando;
> Se hace llamar cristiano,
>   Y el evangelio aprecia:
> ¿Y por qué no habla de Cristo,
>   y como un hombre se expresa?[20]

Alcanzar a los compañeros de trabajo

¿Se acuerda del amigo doctor que me acercó al Señor con un libro? Sí, dar testimonio en el trabajo puede ser algo tan sencillo como darle a un compañero un libro, un tratado o un folleto evangelístico. Puede ser tan simple como contar su testimonio. Si es usted cristiano, tiene su testimonio. Es la historia de cómo llegó a ser cristiano. Lo grande de su testimonio es que se trata de su historia personal de cómo conoció al Salvador, en lo que nadie puede refutarle. Debería estar siempre preparado para contarlo, ¡y siempre debería entusiasmarle hacerlo! Aquí tiene un sencillo método de tres pasos que alguien me dio para ayudarme a confeccionar mi historia personal, mi testimonio. Esto le permite básicamente hacer su narración en tres simples partes:

Parte 1: "Cómo era mi vida antes de conocer a Cristo". Hable de su trasfondo y de lo que pensaba acerca de Dios, la religión y la Biblia. Mencione qué cosas caracterizaban su vida, como la soledad, la depresión, la avaricia, la obsesión por el trabajo y cosas así, y cómo afectaban a su vida.

Parte 2: "Cómo encontré a Jesús". Hable de cómo llegó a ser cristiano. Si le resulta un poco difícil transmitir su experiencia, tal vez quiera usar un buen tratado o un libreto que describa su relación con Jesús.

Parte 3: "Cómo ha cambiado mi vida desde que conocí a Jesús". Hable de cómo han cambiado sus pensamientos acerca de Dios, la vida espiritual y la Biblia. Cuente también cómo su relación con Jesús ha cambiado su matrimonio, su vida familiar, sus actitudes y sus deseos.

Pero ¿cómo se empieza a alcanzar a otros en el trabajo? Simplemente pídale a Dios cada día que le abra los ojos para ver las oportunidades que se le presenten para acercarse a los compañeros y contarles su testimonio. Abra después la boca y ¡hable como un hombre!

Habla usted de negocios,
De acciones, oro y dinero;
Y en los temas mundanos
Se muestra firme y entero.

¿Pero por qué está callado
si de Dios se conversa?
¿Por qué no habla de Cristo,
y como un hombre se expresa?[21]

Alcanzar al mundo

Lo más probable es que no vaya a ser usted un misionero en tierras lejanas. Pero eso no debería detenerle a usted ni a su familia de alcanzar al mundo en diversas formas. (Recuerde, cada vez que usted y su esposa llevan el evangelio a otros, se están acercando aún más el uno al otro... ¡y a Dios!) Puede usted...

- Dar de su dinero para sostener las misiones.
- Orar por los misioneros a los que su iglesia apoya.
- Tener misioneros en su casa.
- Elegir un país y orar por la salvación de sus habitantes.
- Ir a un viaje misionero de verano.
- Participar en los proyectos evangelísticos de su iglesia (especialmente en fechas navideñas).

Desde luego, esta lista podría ser mucho más larga. Como dijo Jesús, tiene que ser usted testigo suyo "hasta lo último de la tierra". Se trata de un llamamiento para toda la vida en el que usted, su esposa y su familia deben trabajar cada día... hasta el fin.

Quisiera contar la historia dulce
Del Señor Jesús, ¿usted no?
Que a otros con amor conduce
A su Salvador, ¿usted no?
Quisiera recorrer todo el camino
Hasta donde Jesús un día dijo:
"Fuiste de ayuda en mi obra, hijo".
Eso quisiera ¿usted no?[22]

Concluyendo en cuanto a los aspectos importantes de su matrimonio.

Este capítulo ha tratado acerca de alcanzar a otros con el mensaje de salvación que cambia las vidas. Espero que le dedicará más meditación y oración al mandato de Dios de alcanzar a quienes Él ha puesto en su círculo de conocidos. Y oro por que esté usted planeando emprender acciones inmediatas.

Pero este es también el final de nuestro libro sobre cómo ser un esposo conforme al corazón de Dios. Estoy seguro de que al ir leyendo juntos, muchos de los capítulos han servido como una revisión o recordatorio de las cosas importantes de su matrimonio. Pero también espero que haya habido "cosas" que le proporcionen alimento para meditar y "cosas" para cambiar y ocuparse de ellas. Ser un esposo conforme al corazón de Dios puede ser por momentos una tarea sobrecogedora, pero es una tarea que Dios mismo le llama a realizar.

Al llegar al momento de despedirnos, tengo una palabra final para usted: No se desanime por su tarea. Dios le ayudará. Pueden ayudarle buenos creyentes, y espero que también lo haga este libro. He escrito esta obra desde un corazón de oración por usted, orando por su aliento, motivación y estímulo a través de este mensaje, y por que sea animado con las muchas "pequeñas cosas" prácticas que puede hacer para vivir su papel como esposo. Hay esperanza —*gran* esperanza— porque Dios le ha entregado todos los recursos que precisa para llevar a cabo la tarea, todo lo que necesita para cumplir su voluntad y designios para usted como esposo (2 P. 1:3). Y, la mayor de las bendiciones, Dios también ha prometido darle toda la fuerza de su poder capacitador y su todosuficiente sabiduría y gracia (2 Co. 12:9) para ser un líder cristiano en su matrimonio y en su familia... y ser un esposo conforme al corazón de Dios.

Detalles que transforman

1. Abra su hogar.

Una de las formas más fáciles para que usted y su esposa alcancen a otros es invitándolos a su casa. Invite a sus vecinos a una sobremesa. Invite a sus compañeros de trabajo a comer. Esa es la oportunidad de su familia para demostrar mejor la realidad de Jesucristo ante los que les conocen. Para la gente, una cosa es ver su vida cristiana en el trabajo o en el patio, y otra mucho más importante es ver el cristianismo en pleno funcionamiento en su hogar.

El hogar es donde su testimonio puede ser visto de nuevas formas. ¡Haga recuento de las muchas bendiciones que Dios le ha dado como medio para hablar de su fe con otros! Por ejemplo, le ha dado una esposa amante y fiel. Le ha dado unos hijos maravillosos y formales (...bueno, al menos maravillosos). Le ha bendecido con un limpio y confortable hogar que irradia la paz de Dios. Así que invitar gente a casa es una poderosa manera de alcanzar a sus compañeros o vecinos. Asegúrese de estar de acuerdo con su esposa en el modo y la frecuencia con que abrirán su hogar. Luego empiecen a orar por esa gente especial que Dios quiere llevar a su vitrina de exposición: su hogar y sus corazones. ¿A quién quiere Él invitar para que pueda experimentar el amor de Cristo a través de la hospitalidad que su esposa y usted muestran?

2. Ore por un corazón compasivo.

La compasión no es una emoción muy "masculina" ¿verdad? Su esposa puede ser compasiva, ¡pero no usted! ¿Solo las mujeres deben mostrar compasión? Usted sabe la respuesta ¿no es cierto? Como siempre, Jesús es nuestro ejemplo de un hombre que demostró compasión. La mostró por los enfermos. Lloró por los habitantes de Jerusalén a causa de su incredulidad (Lc. 19:41). Lloró también por su amigo Lázaro (Jn. 11:35). ¿Qué tal va todo en su Departamento de Compasión? ¿Cuándo fue la última vez que lloró usted por la salvación de un ser querido, un compañero o un vecino? Si la compasión no es uno de sus fuertes (tal como debería ser, en tanto que hombre conforme al corazón de Dios), empiece a orar para que Dios ablande su corazón.

3. Participe en actividades del vecindario.

Siendo un "buen vecino" tiene usted una maravillosa oportunidad de alcanzar a sus vecinos. Así que asegúrese de participar junto a su familia en los mercadillos caseros, las fiestas del vecindario, el programa de vigilancia vecinal. Ofrézcase para dar de comer a las mascotas de sus vecinos cuando estén de vacaciones. Recoja su correo y la prensa y entrégueselos. Riegue su césped. Ninguna de esas actividades le exige decir una palabra sobre sus creencias. Pero su espíritu alegre y su actitud de servicio serán los altavoces de su fe. Es de prever que cuando usted da sin esperar nada a cambio (Lc. 6:35), sus vecinos querrán saber más acerca de las razones de su diferencia. Entonces puede usted hablar de su fe con ellos. ¿Quién sabe lo que hará Dios en sus corazones?

4. Invite a sus conocidos a la iglesia.

Su iglesia local es un don de Dios para usted y su familia, pero también es algo que Dios ofrece al mundo perdido. Cuando usted y su familia son bendecidos por las actividades de su iglesia, sus vecinos y compañeros pueden recibir también de dicha bendición. No sea tímido. Ilusiónese con lo que se está haciendo en su iglesia. Contagie su entusiasmo a otros. Necesitan la mano salvadora de Jesús. Y su iglesia es precisamente el lugar donde podrían conocer al Salvador. Invite a los hijos de sus vecinos a las actividades juveniles. Invite a los padres a los seminarios para padres o matrimonios. Llévelos con usted a un retiro de familias o de parejas. A usted le toca orar e invitar, ¡y Dios hará el resto!

5. Regale un libro o tratado.

¿Ha leído algún libro cristiano que le ha sido de ayuda en su matrimonio, con sus hijos, en el trabajo o con la economía? Pues entréguele ese libro a alguna persona cercana. Son libros que tratan asuntos prácticos de la vida, pero también hablan de la auténtica cuestión vital: la relación con Jesucristo. Así que regale esos libros, con la confianza en que Dios use los principios que contiene para hablar a los corazones de los lectores. En su tiempo y a su manera, Dios puede motivar a sus amigos y vecinos a leerlos. ¡Solo tiene que asegurarse de que los tengan a mano!

Preguntas para el estudio

Capítulo 1. Crecer en el Señor

1. ¿Cuál es su excusa más frecuente para justificar que no tiene tiempo para el crecimiento espiritual? ¿Cómo se mantiene tal excusa ante la verdad de Mateo 6:33?

2. ¿Cómo cree que pueden ayudar a un esposo los tres versículos de Salmos 119:9–11 con la tentación? ¿Qué verdades añade 1 Corintios 10:12–13 para fomentar la pureza?

3. Lea Efesios 4:13–14 y Hebreos 5:12–14. Después de leeros apunte dos formas en las que puede crecer en sabiduría y discernimiento.

4. ¿Qué le ha impresionado más acerca de Josué? ¿Cuál de las cuatro áreas de su vida en que él era grande va a procurar usted?

5. Puesto que el crecimiento en el Señor es importante en su matrimonio ¿qué "pequeña cosa" puede usted hacer esta semana en aras de su crecimiento en el Señor?

Capítulo 2. Trabajar en equipo

1. Lea 1 Corintios 13:11 y aplíquelo al concepto de "equipo" en el matrimonio. ¿Puede usted indicar todas las "cosas de niño" que debe dejar?

2. Lea Génesis 3:1–6. Por alguna razón, Eva "luchó" con el enemigo sin la ayuda de su esposo. ¿En qué formas está usted disponible para las necesidades espirituales de su esposa? ¿Hay formas en las que no está disponible y podría estarlo?

3. Vuelva a leer las preguntas de la sección. "Regreso a los fundamentos". ¿Qué preguntas tiene que volver a tratar y trabajar para hacer que su matrimonio sea más "perfecto"?

4. Puesto que el trabajo en equipo es algo importante en su matrimonio, ¿qué pequeña cosa" puede usted hacer esta semana para estar más unidos como equipo?

Capítulo 3. Aprender a comunicarse

1. Busque en su Biblia los versículos siguientes. A continuación evalúe sus aptitudes de comunicación y las cualidades mencionadas en cada versículo, puntuando con una escala de:

    va bien o
    debe mejorar o
    va mal

    Habilidad para escuchar: Proverbios 18:2

    Añada prudencia a sus palabras: Proverbios 10:19

    Buena elección de tema y tono: Efesios 4:29

    Legados positivos en las palabras: Proverbios 15:1

    Ausentarse de la pelea —Proverbios 16:21

    Rendir honor a la verdad con sus palabras —Efesios 4:25

2. ¿Qué paso importante va a dar para empezar a mejorar la comunicación con su esposa?

3. ¿Repase los impedimentos para la buena comunicación. ¿Cuál es su mayor problema? ¿Puede pensar en alguna solución o forma de cambiar la situación? Anótelas.

4. Puesto que aprender a comunicarse es algo importante en su matrimonio, ¿qué "pequeña cosa" va a hacer esta semana para comunicarse más eficazmente con su esposa?

Capítulo 4. Deleitarse en la intimidad

1. Si tiene a mano un diccionario, busque la palabra intimidad. ¿Qué es lo que más le choca al pensar en esa palabra en conexión con su relación con su esposa?

2. Uno de los versículos más importantes de la Biblia para los esposos es 1 Pedro 3:7. Léalo y conteste: ¿En qué sentidos es una esposa "más frágil" que su esposo? ¿En qué formas, por tanto, puede o debe un esposo ser fuerte para su esposa? O, dicho de otra manera, ¿cómo puede usted venir junto a su esposa y ayudarla?

3. Pensando en la intimidad sexual con su esposa, ¿qué información aportan estos versículos?

    Génesis 2:25

    1 Corintios 7:1–5

    Hebreos 13:4

4. Respecto a la conducta hacia otras mujeres, aparte de su esposa, ¿qué instrucción le proveen estos textos?

    Job 31:1

    Proverbios 5:15–19

    Malaquías 2:15

    Mateo 5:27–28

    ¿Qué pasos puede dar un esposo para seguir estas instrucciones de Dios?

5. Puesto que disfrutar de la intimidad es una cuestión importante en su matrimonio, ¡qué "pequeña cosa" puede usted hacer esta semana para mejorar la intimidad con su esposa?

Capítulo 5. Administrar el dinero

1. ¿Está de acuerdo con la afirmación del Dr. Graham acerca de la actitud de las personas ante el dinero? Razone su respuesta.

2. A modo de ejercicio revelador, mire en su chequera y en los extractos de su tarjeta de crédito durante el mes pasado. ¿Qué le revelan acerca de sus intereses, aficiones, hábitos de gasto y prácticas de generosidad?

3. Lea 2 Corintios 8:1–4. Considerando las tres formas —apropiada, sacrificial y voluntaria— en que usted debe abordar el dar a su iglesia y a otros asuntos cristianos ¿en qué aspectos se excede o se queda corto?¿Hay cambios que debiera hacer?

4. Miremos de nuevo en la sección "El dinero importa en el matrimonio". ¿Cómo cree que las tres actitudes erróneas —codicia, idolatría y mundanalidad— pueden crear tensión y conflicto en un matrimonio?

5. ¿Cuál de los seis consejos de la sección "Debería importarle la administración del dinero" puede intentar poner en práctica esta semana?

6. Visto que el dinero es importante en su matrimonio, ¿qué "pequeña cosa" puede hacer esta semana para administrar mejor su dinero?

Capítulo 6. Mantener el hogar

1. ¿Está de acuerdo en que su hogar es un reflejo de su vida espiritual? Razone su respuesta. ¿Qué cree que ven los demás de su "religión" al contemplar su casa?

2. Revise estos versículos y "perspectivas" en su Biblia.

   Sabiduría: Proverbios 24:3-4

   Piedad: Proverbios 15:6

   Liderazgo: 1 Timoteo 3:5

   Dedicación: Proverbios 24:30-31

   ¿Qué aspectos están más necesitados de su atención y por qué?

3. Examine los "Problemas... y soluciones" presentados en este capítulo. ¿Qué categoría de esposo se parece más a usted? ¿Qué puede hacer para cambiar las cosas y estar más comprometido con el mantenimiento de la casa?

4. Puesto que el mantenimiento del hogar es importante en su matrimonio, ¿qué "pequeña cosa" puede hacer esta semana en su casa?

Capítulo 7. Criar a los hijos

1. Después de pensar en la historia inicial y en los principios de "Ser padres", evalúe la relación con sus hijos en las áreas siguientes. ¿Dónde está más fuerte? ¿Dónde más débil? Apunte una mejora que pueda hacer en cada área.

    Instrucción:

    Mostrar amor a Dios:

    Entorno cristiano consecuente:

    Tiempo:

    Disciplina:

    Ejemplo:

2. Tiempo, ¡nunca parece haber suficiente! ¿Qué consejo le da Efesios 5:15–17 en cuanto a su manera de ver el tiempo?

    ¿Cómo se relaciona esa sabiduría relativa al tiempo con la educación de sus hijos?

    ¿Cómo se relaciona esa sabiduría relativa a su "caminar" con la educación de sus hijos?

3. Dado que la educación de los hijos es algo importante en su matrimonio, ¿qué pequeña cosa" puede hacer esta semana para ellos o con ellos

Capítulo 8. Amar a la familia

1. ¿Qué le enseña Éxodo 20:12 que debe hacer?

   ¿Y cuál es la promesa por obedecer ese mandamiento, según Efesios 18:1–27?

2. Examine en su Biblia Éxodo 4:18 y 18:1–27, donde se cuenta la historia de Moisés y Jetro. Responda después estas preguntas:

   ¿Cómo muestro humildad a mis padres y suegros?

   ¿Qué he hecho últimamente para honrar a mis padres y suegros?

   ¿Con qué frecuencia me comunico con mis padres y suegros?

   ¿Podría decir que mis padres y suegros son amigos míos? ¿Por qué?

   ¿Les pido consejo y los escucho? ¿Por qué?

3. ¿Qué impedimentos ha estado usted usando como excusa en su relación con sus padres y suegros? ¿Qué pasos puede dar para superar esas barreras?

    Distancia

    Ausencia

    Egoísmo

    Manipulación

4. Comprobado el hecho de que es importante para su matrimonio ofrecer amor a toda la familia ¿qué "pequeña cosa" puede hacer esta semana para mejorar la relación con su familia, en sentido extenso del término?

Capítulo 9. Trabajar en su profesión

1. ¿En qué se identifica usted con Juanito en su actitud inicial en cuanto a su trabajo?

2. Considere ahora en su Biblia las enseñanzas bíblicas que cambiaron la actitud de Juanito hacia su trabajo. ¿Qué idea acerca de su trabajo le aporta cada una de esas verdades?

Colosenses 3:23:

Efesios 6:5–7:

1 Corintios 10:31:

3. En la sección “Hacer la voluntad de Dios”, ¿qué elemento de la siguiente lista es actualmente el que mejor le ayuda a modelar su actitud respecto al trabajo? ¿A cuál de estos elementos debe dar una posición más prominente en su concepto y en el desempeño de su trabajo?

   Percibir la voluntad de Dios.

   Proveer para su familia.

   Mostrar actitud de servicio.

   Proclamar su fe.

   Aplicarse a progresar en su carrera profesional.

4. ¿Cómo calificaría su nivel de contentamiento en cuanto a su trabajo? ¿Cuáles podrían ser algunas de las razones de su insatisfacción? ¿Carece de propósito, entendimiento u obediencia? ¿Cómo lo va a remediar?

5. ¿Ha seguido lo dicho y respondido las preguntas que tienen que ver con el equilibrio en su vida? Si no, hágalo ahora. Si ya lo ha hecho, ¿qué cambio destacado puede usted realizar para cosechar más abundantes bendiciones de su trabajo?

6. Dado que la dedicación a su carrera es importante para su matrimonio, ¿qué "pequeña cosa" puede hacer usted esta semana respecto a este tema?

Capítulo 10. Divertirse juntos

1. Describa la última salida que realizaron su esposa y usted, a solas. ¿Qué les divirtió?

2. Su relación con Dios y su posición en Cristo deberían producirle gran gozo, del que puede hacer partícipe a su esposa. ¿De qué fuentes de gozo dispone usted, según estos pasajes?

   Gálatas 5:22:

   Nehemías 8:10:

3. ¿Cómo dice la Biblia que su gozo —o ausencia del mismo— afecta a los demás, según estos versículos?:

   Proverbios 15:13

   Proverbios 15:15

   Proverbios 17:22

4. Repase brevemente "¿Qué ha pasado con la diversión?" ¿Cuál de las "preocupaciones" de la lista siguiente han contribuido más a quitarle el gozo de su matrimonio? ¿Se le ocurre algún cambio que pueda acometer inmediatamente?

5. ¿Ha pedido a otras personas, incluida su esposa, sugerencias para cosas divertidas que hacer como pareja? Si lo ha hecho, apunte aquí algunas. Si no, hágalo esta semana.

6. Puesto que conseguir tiempo para la diversión es algo importante en su matrimonio, ¿qué "pequeña cosa" puede usted hacer esta semana para añadir un poco de diversión a su matrimonio?

Capítulo 11. Servir al Señor

1. ¿Conoce alguna pareja que sirva al Señor fielmente y de todo corazón? Tómese un minuto para apuntar lo que usted aprecia de su compromiso en el servicio al Señor. Anote también algunas de las actividades que realizan en su servicio a los demás.

2. Lea Efesios 2:10. ¿Qué dice este versículo acerca de su servicio al Señor? ¿Cómo afecta —o debería afectar— a su actitud respecto a su servicio al pueblo de Dios?

3. Lea ahora Josué 24:15 ¿Cómo les sirve de ejemplo a usted, a su casa y a su compromiso de servir al Señor, el corazón de servicio a Dios que tenía Josué? ¿Hay cambios que deba usted emprender? Anótelos aquí.

4. Si está usted sirviendo ya activamente al pueblo de Dios, ¿qué consejo daría a alguien que le preguntase cómo podría él empezar a servir? Si es usted el que se está haciendo esa pregunta, ¿qué ha aprendido en este capítulo sobre los primeros pasos a dar?

5. ¿Qué es lo que más admira de Aquila y Priscila? ¿Cómo podrían ustedes empezar a imitar a esa noble pareja que sirvió fielmente al Señor y a su pueblo?

6. Anote las tres respuestas que los esposos suelen dar cuando se trata la cuestión de servir en la iglesia. Rodee con círculo la que considera que es su propia respuesta hoy por hoy… y la que desearía que fuese. ¿Cómo puede empezar a servir con todo su corazón?

Capítulo 12. Testificar a otros

1. Describa cómo le llevaron el evangelio otras personas a usted antes de ser cristiano. Mientras lo hace, ore dando gracias a Dios por enviar esas maravillosas personas a su vida. Si quiere dar un paso más, escríbales una nota de agradecimiento a cada uno de ellos.

2. Mire en Hechos 1:8 y conteste: ¿Qué gente o pueblo es para usted su...

   ...Jerusalén?

   ...Judea?

   ...Samaria?

   ...lo último de la tierra?

   Ponga las respuestas en una tarjeta de tamaño mediano y pídale a Dios que empiece a guiarle en las formas de alcanzarlos.

3. No hay nada como estar preparado. Por eso, la tarea que le asigno para esta próxima semana es: En una hoja de papel, escriba sus respuestas a las tres partes de su testimonio (vea la sección titulada "Alcanzar a los compañeros de trabajo"). Empiece a pedirle a Dios oportunidades para contarle su testimonio a otros.

4. En la sección "Alcanzar al mundo", seleccione un proyecto en el que usted y su familia puedan participar. ¿Cuál va a ser? ¿Cuál será el primer paso que den esta semana en dicho proyecto?

5. Puesto que alcanzar a otros es importante para su matrimonio, ¿qué "pequeña cosa" puede usted hacer esta semana para ponerlo en práctica?

Notas

1. Charles R. Swindoll, *The Tale of the Tardy Oxcart,* citando a Wayne Martindale, *The Quotable Lewis* (Nashville: Word Publishing, 1998), p. 468.
2. Gary Thomas, *Sacred Marriage* (Grand Rapids: Zondervan, 2000), p. 77.
3. John MacArthur, *The MacArthur Study Bible* (Disponible en español desde Editorial Portavoz a partir de mayo de 2004) (Nashville: Word Publishing, 1979), p. 21.
4. Roy B. Zuck, *The Speaker's Quote Book,* citando a Les Cantrell (Grand Rapids: Kregel Publications, 1997), p. 78.
5. *Ibíd.*
6. Stuart Scott, *The Exemplary Husband* (Bemidji, MN: Focus Publishing, Inc., 2000), p. 227.
7. *Ibíd.*, p. 106.
8. Charles F. Pfeiffer y Everett F. Harrison, eds., *The Wycliffe Bible Commentary* (Chicago: Moody Press, 1990), p. 938. (*Comentario Bíblico Moody*, Portavoz, 1993)
9. Alice Gray, *Lists to Live By,* The First Colection, citando a Claudia y David Arp (Sisters, OR: Multnomah Publishers, 1999), p. 137.
10. *Checklist for Life for Men* (Nashville: Thomas Nelson Publishers, 2002), p. 77.
11. *Ibíd.*, p. 169.
12. John MacArthur, *The MacArthur Study Bible,* (Disponible en español desde Editorial Portavoz a partir de mayo de 2004) p. 1862.
13. Steve Farrar, *Point Man—How a Man Can Lead His Family* (Sisters, OR: Multnomah Publishers, Inc., 1990), p. 202.

14. Hans Finzel, *Help! I'm a Baby Boomer* (Wheaton, IL: Victor Books, 1989), p. 61.
15. *Ibíd.*
16. J. Oswald Sanders, *Spiritual Leadership* (Chicago: Moody Press, 1970), p. 59. (*Liderazgo Espiritual*, Portavoz 1995)
17. Priscila y Aquila se mencionan en Hechos 18:1–3, 18–19, 26; 1 Corintios 16:19; Romanos 16:3–5.
18. Alice Gray, *Lists to Live by for Every Married Couple* (Sisters, OR: Multnomah Publishers, 2001), p. 30.
19. Arthur G. McPhee, *Friendship Evangelism—the Caring Way to Share Your Faith* (Grand Rapids: Zondervan Publishing House, 1978), p. 17.
20. Eleanor L. Doan, *The Speaker's Sourcebook,* "Speak Out for Jesus", autor desconocido (Grand Rapids, MI: Zondervan Publishing House, 1977), p. 284.
21. *Ibíd.*
22. *Ibíd.*

Títulos de Jim George

Conoce tu Biblia desde la A hasta la Z

Extraordinarias oraciones de la Biblia

Guía bíblica básica

Guía bíblica esencial

Guía de biografías bíblicas

Guía de un joven para descubrir su Biblia

Guía de un joven para las buenas decisiones

La influencia de un hombre de Dios

Las 50 enseñanzas más importantes de la Biblia

Tienes un amigo en Jesús – para chicos

Un esposo conforme al corazón de Dios

Un hombre conforme al corazón de Dios

Un joven conforme al corazón de Dios

Un líder conforme al corazón de Dios

Un minuto con los hombres de la Biblia

Un papá conforme al corazón de Dios

Títulos de Jim y Elizabeth George

Promesas poderosas para toda pareja

Una pareja conforme al corazón de Dios

EDITORIAL
PORTAVOZ

NUESTRA VISIÓN

Maximizar el efecto de recursos cristianos de calidad que transforman vidas.

NUESTRA MISIÓN

Desarrollar y distribuir productos de calidad —con integridad y excelencia—, desde una perspectiva bíblica y confiable, que animen a las personas a conocer y servir a Jesucristo.

NUESTROS VALORES

Nuestros valores se encuentran fundamentados en la Biblia, fuente de toda verdad para hoy y para siempre. Nosotros ponemos en práctica estas verdades bíblicas como fundamento para las decisiones, normas y productos de nuestra compañía.

Valoramos la excelencia y la calidad
Valoramos la integridad y la confianza
Valoramos el mérito y la dignidad de los individuos y las relaciones
Valoramos el servicio
Valoramos la administración de los recursos

Para más información acerca de nuestra editorial y los productos que publicamos visite nuestra página en la red: www.portavoz.com